Inovação e Métodos de Ensino para Nativos Digitais

Marcelo Veras
Organizador

Inovação e Métodos de Ensino para Nativos Digitais

Adriano Novaes
Adriano Pedro Bom
Anderson César Gomes Teixeira Pellegrino
Caio Ravaglia
Carolina Lourenço Defilippi Gonçalves
Eliane El Badouy Cecchettini
Luiz Francisco Gracioso
Manuela Santin Souza de Stefano
Marcelo Augusto Scudeler
Marcelo Veras
Silvia Cristina Prado
Sylvia Helena Furegatti

SÃO PAULO
EDITORA ATLAS S.A. – 2011

© 2011 by Editora Atlas S.A.

1. ed. 2011; 2. reimpressão

Capa: Leonardo Hermano
Composição: Formato Serviços de Editoração Ltda.

Dados Internacionais de Catalogação na Publicação (CIP)
(Câmara Brasileira do Livro, SP, Brasil)

Inovação e métodos de ensino para nativos digitais / Marcelo Veras, organizador. - - São Paulo: Atlas, 2011.

Vários autores.
Bibliografia.
ISBN 978-85-224-6358-9

1. Ensino superior – Metodologia 2. ESAMC – Escola Superior de Administração, Marketing e Comunicação 3. Gestão educacional 4. Jovens – Educação 5. Jovens – Qualificação profissional 6. Universidades e escolas superiores – Administração 7. Universidades e escolas superiores – Brasil I. Veras, Marcelo.

11-04474   CDD-378-04068

Índice para catálogo sistemático:

1. Instituições de ensino superior : Modelo pedagógico : Gestão : Educação   378.04068

TODOS OS DIREITOS RESERVADOS – É proibida a reprodução total ou parcial, de qualquer forma ou por qualquer meio. A violação dos direitos de autor (Lei nº 9.610/98) é crime estabelecido pelo artigo 184 do Código Penal.

Depósito legal na Biblioteca Nacional conforme Decreto nº 1.825, de 20 de dezembro de 1907.

Impresso no Brasil/*Printed in Brazil*

Editora Atlas S.A.
Rua Conselheiro Nébias, 1384 (Campos Elísios)
01203-904 São Paulo (SP)
Tel.: (0_ _11) 3357-9144 (PABX)
www.EditoraAtlas.com.br

Sumário

Prefácio (*Luiz Francisco Gracioso*), vii

1 **Introdução** (*Eliane El Badouy Cecchettini*), 1

2 **Modelo Pedagógico ESAMC** (*Marcelo Veras*), 19
    2.1 Qual é a definição de cada uma dessas competências para o mercado?, 26
    2.2 Quais são os atributos que tangibilizam cada competência?, 27
    2.3 Como fazer para avaliar esses atributos?, 32
    2.4 Como fazer para desenvolver esses atributos?, 32

3 *Coaching* **e o Desenvolvimento de Competências Empresariais** (*Adriano Novaes*), 36

4 **Métodos** (*Adriano Pedro Bom, Anderson César Gomes Teixeira Pellegrino, Caio Ravaglia, Carolina Lourenço Defilippi Gonçalves, Eliane El Badouy Cecchettini, Manuela Santin Souza de Stefano, Marcelo Augusto Scudeler, Marcelo Veras, Silvia Cristina Prado e Sylvia Helena Furegatti*), 44
    4.1 Métodos com dramatização – Desenvolvimento de conceitos, 44
    4.2 Métodos com dramatização – Aplicação de conceitos, 54
    4.3 Métodos sem dramatização – Desenvolvimento de conceitos, 91
    4.4 Métodos sem dramatização – Aplicação de conceitos, 126

5 Considerações finais (*Adriano Pedro Bom*), 154

Bibliografia, 157

Nota sobre os autores, 159

Prefácio

A situação do Brasil no final de 2010 é ambicionada e invejada por muitos países: crescimento econômico associado a baixa inflação e integração social. Lógico, a situação poderia ser melhor (ela sempre pode), mas a realidade é uma só – a nossa situação é muito boa e estamos caminhando na direção correta.

Todavia, os desafios para o Brasil continuar a apresentar tais resultados passam pela solução de muitos desafios – e um deles, o que abordaremos aqui, é a qualificação de grande parcela da nossa população.

Hoje, qualquer empresa que esteja crescendo e contratando novos colaboradores conhece a dificuldade de conseguir atrair talentos com a formação acadêmica necessária.

A qualificação profissional da nossa população é fundamental por dois aspectos:

- Para o Brasil conseguir continuar a atrair investimentos, precisa ter os talentos necessários para viabilizá-los.
- Para a redução do nosso desnível social é fundamental que a parcela de menor renda da população brasileira tenha condições de conseguir aumentar seus rendimentos – e, para aumentá-los, precisa ter a formação profissional necessária.

Ou seja, o Brasil não irá conseguir crescer e nem reduzir a desigualdade social sem melhorar a qualificação profissional da população.

E esse é o grande papel das instituições de ensino superior no Brasil nos próximos anos – auxiliar na qualificação profissional da nossa população. É um papel fundamental. Sem as instituições de ensino superior nosso país não conseguirá atingir todo seu potencial de desenvolvimento.

Mas cabe agora analisar um novo aspecto: o perfil dessas instituições.

Tradicionalmente, as instituições de ensino superior no Brasil sempre foram instituições elitistas. Não que este papel não seja necessário; todavia, não é o único.

Após 1994, com as mudanças no ensino superior brasileiro, esse papel foi ampliado, e hoje as instituições de ensino superior brasileiras focam não somente a formação da elite brasileira (papel desempenhado fundamentalmente pelas instituições públicas), como também a formação de outras camadas sociais.

Todavia, as instituições de ensino superior brasileiras precisam ampliar sua atuação e profissionalizar sua gestão, pois:

1. A parcela da população brasileira que tem acesso ao ensino superior ainda é pequena. Temos hoje aproximadamente 5,9 milhões de estudantes matriculados no ensino superior brasileiro, o que representa aproximadamente 15% da população brasileira em idade entre 18 e 24 anos. Portanto, precisamos aumentar, e muito, o acesso ao ensino superior.

2. O segundo aspecto importante é quanto à qualidade de nosso ensino. A forma básica de avaliação de nossos cursos é a que é feita através das provas do ENADE, que avaliam os alunos com notas que variam entre 1 a 5. Somente 30% dos nossos cursos universitários têm avaliação 3 ou acima de 3 no ENADE. Essa avaliação 3 corresponderia à nota 6,0, ou seja, o limite mínimo para aprovação.

3. O terceiro aspecto fundamental é o custo da formação de nossos jovens. A universidade brasileira é cara e não tem nenhum tipo de controle de custos.

Portanto, precisamos conseguir atrair e manter mais jovens no ensino superior brasileiro, oferecendo uma qualidade de qualificação maior a um custo mais baixo. Esse é o grande desafio para a próxima década. É nessa direção que precisamos trabalhar, desenvolver e inovar.

É interessante analisarmos quais as escolas de ensino médio e ensino superior que conseguem as melhores notas no ENEM e no ENADE. Em todas elas, muito mais importante do que o investimento em infraestrutura inovadora está o investimento e o trabalho em um modelo pedagógico sólido e em professores comprometidos, exigentes e bem preparados. O modelo pedagógico e seus professores são a chave motriz de qualquer instituição de ensino.

Todavia, os jovens de hoje são diferentes daqueles que nós fomos no passado. Os "nativos digitais" possuem características e comportamento profundamente diferentes dos nossos.

Portanto, para conseguir motivá-los a se engajar no seu desenvolvimento acadêmico é fundamental entendê-los e desenvolver métodos capazes de atingir os objetivos propostos.

Há quatro palavras-chave que motivam essa geração:

- Exposição.
- Competição.
- Participação.
- Colaboração.

Qualquer metodologia de ensino, para ser eficaz, para conseguir engajá-los no rumo do desenvolvimento acadêmico e das competências profissionais, precisa contemplar esses quatro "pilares".

Nós, na ESAMC, trabalhamos continuamente na direção de um modelo pedagógico que consiga desenvolver em nossos alunos todas as competências exigidas pelo mercado de trabalho e a motivação de nossos professores.

E este trabalho tem sido constantemente recompensado não só pela formação dos nossos alunos, mas, também, através de avaliações do MEC. Este ano, a ESAMC está figurando entre as 30 instituições de ensino superior mais conceituadas pelo MEC, dentre mais de 2.000 instituições de ensino superior. É uma grande vitória para uma escola jovem e ampla.

Este livro é mais uma contribuição de nossos professores para a melhoria do ensino superior brasileiro. Um livro que foca na melhoria do poder de atração e retenção de alunos através de metodologias de ensino que podem ser aplicadas em sala de aula. Metodologias desenvolvidas e testadas para engajar nossos alunos, os "nativos digitais".

Luiz Francisco Gracioso

Agradecimentos

Àqueles que todos nós, independentemente das profissões e áreas em que atuamos, crenças e afetos, temos em comum: nossos alunos, cuja curiosidade e inquietação nos estimularam a desenvolver e pensar práticas mais desafiadoras estimulantes de ensino, e nossos colegas, professores da ESAMC que partilharam suas experiências, contribuindo para o aprimoramento dos métodos tratados neste livro.

Os Autores

1 Introdução

Eliane El Badouy Cecchettini

"A desconexão entre a forma como os estudantes aprendem e a forma como os professores ensinam é fácil de compreender quando consideramos que o sistema educacional atual foi projetado para um mundo agrário e de manufatura. Entretanto, o mundo mudou e continua a mudar rapidamente. Os alunos multitarefa de hoje estão melhor equipados para esta mudança do que muitos adultos [...]"
Ian Jukes and Anita Dosaj, The InfoSavvy Group, February 2003

"[...] agora nós temos uma geração que absorve informação melhor e que toma decisões mais rapidamente, são multitarefa e processam informações em paralelo; uma geração que pensa graficamente ao invés de textualmente, assume a conectividade e está acostumada a ver o mundo através das lentes dos jogos e da diversão."
"Use Their Tools! Speak Their Language!" Marc Prensky, March 2004

As citações acima demonstram o quão emblemático se tornou o processo de ensino-aprendizagem nas primeiras décadas do século XXI e quão necessária é uma (R)evolução nos métodos de transmissão de conhecimento para os próximos anos. Mudaram as demandas em relação aos egressos que colocamos no mercado periódica e continuamente, da mesma forma que em 10 anos nossos alunos mudaram, assim como mudaram também suas expectativas e parâmetros. Somos Imigrantes Digitais nos relacionando com Nativos Digitais.

Comecei a observar que alguma coisa se mostrava diferente, como uma nova ordem mundial, em 1997, quando desenvolvia uma campanha publicitária voltada aos jovens em fase pré-vestibular daquela época. Foi a primeira vez que tomei contato com o trabalho de Don Tapscott, sociólogo e escritor canadense, autor do livro *Net generation*,[1] que despertaria em mim o desejo de decifrar os mecanismos e plataformas de comunicação, com esta nova geração que despontava no horizonte de profundas transformações tecnológicas, fosse em que campo fosse.

Era notório que a característica que definia a geração daqueles jovens era o fato de serem os primeiros a crescer em um ambiente mais tecnológico e digital. Pela primeira vez na história, crianças e jovens se sentiam mais à vontade, eram mais informados e percebiam mais do que seus pais quando uma inovação é fundamental para a sociedade.

Em 1997, a Internet tinha acabado de chegar e a tecnologia era muito primitiva. Digitalmente falando, o mundo era muito diferente. Os acessos à Internet eram com conexão discada, não havia Google, YouTube, Facebook, Twitter nem *smartphones*. Porém, uma coisa era certa: o impacto sem precedentes que essa tecnologia traria para toda a sociedade, bem como para essa nova geração de jovens que chegava para assumir o mundo.

Com uma imagem ligada a velocidade e liberdade, esses jovens estão começando a transformar todas as instituições da vida moderna. Desde o local de trabalho até o mercado, passando pela política, pela educação, até a unidade básica de qualquer sociedade – a família –, estão substituindo uma cultura de controle por uma cultura de capacitação.

O mercado de trabalho foi quem primeiro entendeu a nova dinâmica imposta pelos criados e nascidos no ambiente digital e recebeu de braços abertos empresas bilionárias criadas a partir da cultura da capacitação como Google, YouTube e o Facebook.

As empresas, futuras empregadoras, também iniciaram um movimento no sentido de entender, atrair e reter esses jovens talentos, buscando a redução dos conflitos entre as diferentes gerações que coexistem no mesmo ambiente de trabalho.

Entretanto, a educação parece ainda resistir a esse processo irreversível. Os educadores muitas vezes reclamam que os alunos não se interessam e não estão preparados para aprender. É um argumento que faz sentido para aqueles que veem os jovens pelas esquinas com seus bonés atravessados, celulares, calças largas e atitudes desleixadas. É preciso encontrar uma explicação melhor do que simples-

---

[1] Don Tapscott é presidente da empresa de pesquisa e consultoria nGenera Innovation Network e professor adjunto de administração na Universidade de Toronto. É autor e coautor de 11 *best--sellers*, entre eles *Wikinomics*, *Geração digital*, *A hora da geração digital* e *Plano de ação para uma economia digital*.

mente culpar os alunos. E talvez essa explicação esteja justamente no conflito de gerações. Um conflito velado, muito mais em função da forma do que de qualquer outra coisa.

Coordenadores de escola, educadores e diretores estão apáticos. A escola é teórica, mas o vetor digital, que não está sendo levado em consideração, transformou a sociedade de forma radical. É como afinar o violino no convés do Titanic.

Na opinião do educador Muniz Sodré, é errado pensar que a interatividade e o "digitalismo" são propriedades da máquina. E é assim que os professores pensam.

Este é um momento polifônico, de vozes que precisam se juntar. Os professores ainda estão num modelo criado no século XIX, o de prisão e igreja, no qual o professor é um pregador e a interatividade é mínima. Mas a era polifônica obriga que o ambiente seja interativo. Eles precisam se abrir para as novas tecnologias e novas formas de pluralidade.

Como falei no início, somos imigrantes digitais (*Boomers* e Geração X) nos relacionando com Nativos Digitais[2] (incluindo parte da Geração Y, pois transita entre o analógico e o digital). Diferente dos nativos, que não possuem "sotaque", os imigrantes, por mais que disfarcem, ainda apresentam um leve "sotaque analógico".

Imagine uma pessoa que nasce e passa grande parte de sua vida num país, quando, de repente, se vê na necessidade de migrar para outro. Mesmo com o passar dos anos, o imigrante sempre terá alguma coisa que não o deixa nativo do país em questão, seja por vergonha, pelo sotaque etc. Já no caso do nativo, acontece justamente o oposto: o país, as pessoas, a língua, tudo é muito natural.

No mundo digital acontece praticamente a mesma coisa. Quem nasceu com tecnologia – os nativos digitais – se sente bem mais à vontade com o computador e a tecnologia que temos hoje em dia; o imigrante digital não se sente tão bem com esses conceitos que já fazem parte do nosso dia a dia.

Podemos perceber quando alguém é imigrante digital através de algumas atitudes da pessoa. Por exemplo: a pessoa precisa imprimir o *e-mail* para ler, ligar perguntando se o remetente recebeu o *e-mail*, ao escrever um texto começa primeiro no lápis e papel, prefere livros impressos aos digitais etc. Já no caso dos nativos, isso praticamente não existe. O nativo está pronto para a tecnologia. Estudos indicam que nossos filhos têm plasticidade cerebral diferente da nossa.

---

[2] Termo cunhado por Mark Presky, reconhecido mundialmente por seu trabalho na área de educação e ensino. É considerado um especialista mundial sobre a interação entre o jogo e a aprendizagem, publicou três livros, entre eles *Nativos digitais e Imigrantes digitais, eles realmente pensam diferentemente*. Tem formação acadêmica na Harvard Business School, também em Yale Graduate School of Arts and Sciences, Middlebury College e Oberlin.

O que isso tem a ver com os problemas de ensino-aprendizagem veremos logo mais adiante.

Para entender os gatilhos responsáveis pelo conflito entre gerações de professores e alunos, líderes e liderados, é fundamental que entendamos as diferenças existentes entre cada geração.

Entendendo as Gerações

As gerações são produto de fatos históricos que influenciam profundamente os valores e a visão de mundo de seus membros. Esses eventos trazem às pessoas lembranças e emoções fortes, que moldam profundamente suas ideias sobre instituições, autoridade, dinheiro, família e carreira.

Tradicionais

Por exemplo, os Tradicionais, também chamados de Geração Silenciosa – os nascidos entre 1925 e 1950 – era composta majoritariamente por filhos de famílias que passaram pela Grande Depressão e duas Grandes Guerras; os tempos difíceis enfrentados por seus pais influenciaram essas crianças no sentido de valorizarem demais o emprego e de se tornarem funcionários obedientes. A participação dos pais na Segunda Guerra Mundial, por sua vez, fez com que elas adquirissem um estilo de liderança autoritário.

Baby-boomers

Depois veio a geração do *baby boom*, ou *Boomers*, grupo que nasceu entre 1951 e 1964. Seus integrantes, criados na era do *rock* e da rebeldia e em um período de extraordinária riqueza nos EUA, tornaram-se uma tribo um tanto quanto indulgente e narcisista e ficaram conhecidos como *hippies*. Suas visões eram moldadas por fatos como o escândalo Watergate e a Guerra do Vietnã, que expuseram a vulnerabilidade da autoridade e as loucuras de uma nação poderosa. Eles também testemunharam contrastes surpreendentes entre os líderes – alguns transmitindo esperança e idealismo, como Martin Luther King Jr., e outros promovendo o cinismo e a apatia, como Richard Nixon.

Geração X

A geração posterior – dos nascidos entre 1965 e 1984 – é a X (que recebeu esse nome devido a um romance sobre o assunto). Essa geração viveu momentos importantes na política mundial: a Guerra Fria, a Perestroika, a queda do Muro de Berlim e, no Brasil, a luta pelas Diretas Já. Foi a época dos últimos grandes estadistas, como Mikhail Gorbatchov, Ronald Reagan, Margareth Thatcher.

Diferentemente dos integrantes *Boomers*, que tendiam a se especializar em ciências humanas, os membros desse grupo preferiram as áreas de administração e economia, trocando o idealismo por um realismo mais pragmático e cético. As pessoas X não veem o êxito da mesma forma que seus pais. Ao contrário, nutrem certo cinismo e desilusão em relação aos valores deles. Do ponto de vista social, alguns acontecimentos marcaram essa geração, entre eles o aparecimento da AIDS, em 1981. Essa doença provocou um posicionamento ideológico de dimensões muito relevantes, provavelmente nunca associado a uma enfermidade, tendo assim grande influência na mudança de pautas de comportamento da geração seguinte. Diante de tal panorama de incerteza e sensação de mudança, não é de estranhar que, ao ir ao cinema, esses jovens tenham assistido a Blade Runner (1982), um dos maiores expoentes do movimento cultural conhecido como *cyberpunk*.

A atual geração Y (nascidos entre 1984 e 1999), possivelmente, desconhece que as origens ideológicas de alguns de seus ícones culturais, como Matrix, venham diretamente dessa visão apocalíptica e obscura, própria da evolução do movimento *punk*. Compreendemos agora, em parte, a surpresa dos X quando, no início do século 21, ficaram privados de seu protagonismo como "a geração que viveu a grande mudança cultural". Porque essa mudança, mesmo que pareça mentira, ficou antiga em menos de dez anos. Os Y veem a experiência dos X como "ruptura e evolução", uma antiguidade a mais. Em certa medida, a geração Y roubou os sonhos da geração X e a destronou antes que essa tivesse tempo de reagir. E o fez em resposta, precisamente, ao que viu de seus irmãos mais velhos ou de seus pais, aos modelos que lhe foram propostos. De certa forma, pode ser que a falta de compreensão dos valores e motivações dessa geração provenha de uma espécie de animosidade por parte dos membros da geração X.

Em meados da década de 80, surgiu uma subcategoria da geração X, os *yuppies* (acrônimo do inglês *young urban professionals*, ou jovens profissionais urbanos). É um segmento caracterizado pelo alto poder aquisitivo e paixão pelo sucesso social, profissional e econômico. No final dos anos 80, o termo *yuppie* começou a incorporar conotações negativas, fruto do esgotamento de um modelo e estilo de vida que propunham certo "vale-tudo" para o êxito social e econômico. Os yuppies que levaram ao extremo sua filosofia são os *dinkies* (*double income no kids yet*, ou duas rendas, sem filhos ainda): casais que adiam a criação de uma família para se dedicar exclusivamente a suas carreiras, porque não se sentem capazes de educar os filhos ou simplesmente porque não gostam de crianças. Costumam ser profissionais de alto nível e suas motivações estão relacionadas com a manutenção de seu nível socioeconômico. Têm sido fortemente criticados pela atitude egoísta e hedonista, em que o consumismo prevalece sobre outros valores, como os familiares.

Geração Y

A Geração Y abrange os nascidos entre os anos de 1984 e 1999. Os mais velhos estão chegando aos 30; os mais jovens acabam de sair da adolescência. Trata-se de uma geração de filhos desejados e protegidos por uma sociedade preocupada com sua segurança. As crianças Y são alegres, seguras de si e cheias de energia. É a geração da variedade, das tecnologias que mudam contínua e vertiginosamente. A geração Y só conhece a democracia. Possivelmente a velocidade das mudanças vividas pela geração Y, ao lado de importantes transformações sofridas por seus pais, introduziu um salto qualitativo que os Y ainda estão digerindo (e que deixa perdidos os X, seus pais, professores, líderes e praticamente seus criadores). É indigesto para um X ouvir de um Y que recusou uma oferta de trabalho com alto salário porque essa não lhe permitiria desfrutar a vida pessoal. Na geração Y não ocorreu uma ruptura social evidente; não houve Woodstock nem maio de 1968. Os Y são silenciosos e contundentes, parecem saber exatamente o que querem. Eles não reivindicam: executam a partir de suas decisões, dos *blogs* e dos SMS. Não polemizam nem pedem autorização: agem. Enquanto os X enfrentam o mundo profissional com relativo ceticismo, os Y adotam uma visão mais esperançosa. Seu alto nível de formação os torna mais decididos. Sua atitude diante da hierarquia é cortês, mas não de estrito respeito ou amor/ódio, como a das gerações anteriores. A integração dos Y às empresas está sendo especialmente complicada. Suas expectativas são novas e eles se consideram "a geração excluída". Chegaram ao mundo em clima de mudança, transformação e certo desassossego político. Não desenvolveram a paciência e a laboriosidade, e sim o "já" e o "agora". Não aprenderam a desfrutar um livro, uma vez que podem obter a mesma informação em minutos, com um clique. É uma geração de resultados, não de processos. E do curto prazo: eles sabem, por experiência, que as coisas, as informações, as novidades morrem em pouco tempo – até mesmo a ordem mundial, que parecia tão imutável. Alguns especialistas afirmam até que essa geração desenvolveu mais o hemisfério direito do cérebro. Parece que os estímulos da Internet e dos videogames se dirigem a esse hemisfério, enquanto atividades como leitura exigem o uso do esquerdo. Mesmo que essa interpretação esteja errada, fica claro que a geração Y responde a estímulos e motivações diferentes dos que moviam seus antecessores. São filhos de seu tempo, pós-modernos.

	Tradicionais	*Baby-boomers*	Geração X	Geração Y
Ano de Nascimento	Até 1950	1951-1964	1965-1983	1984-1999
Perspectiva	Prática	Otimista	Cética	Esperançosa
Ética profissional	Dedicados	Focados	Equilibrados	Decididos
Postura diante da autoridade	Respeito	Amor/Ódio	Desinteresse	Cortesia
Liderança por...	Hierarquia	Consenso	Competência	Coletivismo
Espírito de...	Sacrifício	Automotivação	Anticompromisso	Inclusão

Geração Z

Mas outra geração já desponta no horizonte e com ela surgem perguntas: que traços marcarão seus integrantes? O que vão aprender a partir da variedade de modelos, atitudes e comportamentos que compõem o meio sociocultural em que estão crescendo? Como a geração Y vai reagir se a – vamos chamá-la assim – geração Z desbancá-la antes do tempo, como ela fez com a geração X?

Há certa resistência entre alguns estudiosos em usar termos muito fechados para definir povos, regiões ou gerações. Argumentam que definições simplificam os problemas e que toda simplificação tende a superficializar o debate. Outra corrente defende que, ainda que possam simplificar o debate, as definições têm o mérito de orientar as discussões. Fiquemos com a segunda opção.

Pois bem, a Geração Z é composta essencialmente por Nativos Digitais, já que compreende quem nasceu entre meados dos anos 90 do século passado até esta década. Buscam todos os assuntos no Google. Entendem muito mais de tecnologias do que seus pais e usam todos os tipos de *software* com o conhecimento de quem nasceu com um *chip* embutido no cérebro.

Não conhecem a vida antes da Internet, redes sociais, *smartphones*, *notebooks*, *iPhones*, *iPads* e *e-books*. E já se tornaram um grupo expressivo que começa a ser levado a sério pelos diferentes setores da economia.

Por terem nascido com as novas tecnologias funcionando a todo vapor e criados "dentro" das redes sociais, essa geração é calculista, prática, imediatista e tem um poder de concentração menor do que das gerações passadas.

A grande nuance dessa geração é zapear. Daí o Z. Em comum, essa juventude muda de um canal para outro na televisão. Vai da Internet para o telefone, do telefone para o vídeo e retorna novamente à Internet. Também troca de uma visão de mundo para outra, na vida. Em sua maioria, nunca conceberam o planeta sem computador, *chats*, telefone celular. Por isso, são menos deslumbrados que os da Geração Y com *chips* e *joysticks*. Sua maneira de pensar foi influenciada desde o berço pelo mundo complexo e veloz que a tecnologia engendrou. Diferentemente de seus pais, sentem-se à vontade quando ligam ao mesmo tempo a televisão, o rádio, o telefone, música e Internet. Outra característica essencial dessa geração é o conceito de mundo que possui, desapegado das fronteiras geográficas. Para eles, a globalização não foi um valor adquirido no meio da vida a um custo elevado. Aprenderam a conviver com ela já na infância. Como informação não lhes falta, estão um passo à frente dos mais velhos, concentrados em adaptar-se aos novos tempos. Falam de igual para igual subvertendo a hierarquia, assim como falam com os pais e nem sempre têm dimensão das consequências de seus erros. Como estão acostumados ao computador e Internet, tendem a ver seus erros como algo não muito importante, exatamente como acontece no *videogame*, em que podem reverter facilmente o que fizeram.

Enquanto os demais buscam adquirir informação, o desafio que se apresenta à Geração Z é de outra natureza. Ela precisa aprender a selecionar e separar o joio do trigo, além de transformar informação em conhecimento. E esse desafio não se resolve com um computador veloz. A arma chama-se maturidade, capacidade de reflexão e de fazer conexões corretas. É nisso, dizem os especialistas, que os jovens precisam trabalhar. E é nisso que os professores podem e devem ajudar, funcionando como catalisadores do conhecimento e facilitadores do aprendizado.

Por ora, a Geração Z ainda se mostra uma geração perturbadora para a maioria de nós X, *Boomers* ou até os mais maduros dos Y. Isso acontece devido a sua natureza heterogênea, assim como a maneira como usam a Internet e o modo como sua fidelidade tem mais a ver com a forma como descobrem coisas novas, em vez de fazerem sempre as mesmas coisas.

Alunos Nativos Digitais	Professores Imigrantes Digitais
➢ Estão conectados a objetos e a tecnologia é uma extensão de seu cérebro. ➢ Preferem receber informação rapidamente, de múltiplas fontes. ➢ Preferem processamento paralelo e multitarefa. ➢ Preferem trabalhar com imagens, som e vídeo, ao invés de texto. ➢ Preferem acesso randômico à informação multimídia hiperligada. ➢ Preferem interagir simultaneamente com muitos, são adeptos do coletivo. ➢ Preferem aprender na hora (*just in time*). ➢ Preferem gratificação e recompensas instantâneas. ➢ Preferem aprender coisas que são relevantes, instantaneamente úteis, lúdicas e divertidas.	➢ Controlam objetos e a tecnologia é um recurso eventual. ➢ Preferem a oferta de informação lenta e controlada, de fontes limitadas. ➢ Preferem processamento linear e tarefas únicas ou limitadas. ➢ Preferem oferecer texto ao invés de figuras, som e vídeo. ➢ Preferem oferecer informação de forma linear, lógica e sequencial. ➢ Preferem ensinar "se for o caso" (pode cair na prova). ➢ Preferem adiar a gratificação e as recompensas para o final do período. ➢ Preferem ensinar o que está no currículo e testes padronizados. ➢ Estão orientados para o trabalho, limitando-se a cumprir o programa e a fazer os testes de avaliação.

Querem mais opções, odeiam ser forçados a uma escolha limitada. Querem coisas mais personalizadas, ou seja, feitas à medida de suas preferências. Exigem ser tratados como pessoas e não como números. Desejam experimentar muitas vezes. Eles não são espectadores, ouvintes ou leitores; são utilizadores. O que tornar a vida mais rápida, animada e fácil se tornará indispensável. Preferem o conteúdo e forma e valorizam a liberdade e expressar os seus pontos de vista.

A Geração Z está em franca ascensão e tem tudo para se tornar a mais ágil, volúvel e difícil de ser conquistada. E que respostas precisa encontrar o sistema educativo para esta turbulência? Os métodos de ensino e aprendizagem devem ser mais criativos, atraentes e interativos. Entretanto, para que isso seja possível, é importante conhecermos os estilos de aprendizagem dos nativos digitais, como veremos a seguir.

Motivadores: Repensando nossa maneira de aprender

"Nossos alunos mudaram radicalmente. Os alunos de hoje não são as mesmas pessoas para as quais o sistema educacional foi criado para ensinar."

Marc Prensky

"[As crianças] pensam de maneira diferente de todos nós. Elas desenvolvem uma mente de hipertexto. Elas saltam em atividades. É como se suas estruturas cognitivas fossem paralelas, não sequenciais."

William D. Winn[3]

A maioria de nós sabe, intuitivamente, que todos aprendemos de forma diferente – por métodos diferentes, em diferentes estilos e a ritmos diferentes. Sempre nos lembramos de quando não tínhamos a capacidade de aprender um conceito no mesmo momento em que alguém chegava à sua compreensão quase que por instinto. E outras vezes chegávamos nós ao entendimento de alguma questão mais rapidamente do que nossos colegas. Nossa experiência, a partir de tudo isso, indica que todos aprendemos de maneira diferente.

Nas últimas décadas, tem aumentado o número de psicólogos cognitivos e neurocientistas que reconheceram tudo isso. Quanto mais esses profissionais nos auxiliarem a entender tais mecanismos causais subjacentes, maior será nossa ca-

---

[3] Psicólogo educacional e professor da Universidade de Washington da Faculdade de Educação, onde ocupou nomeações em currículo e instrução, e se dedicou aos estudos cognitivos. Foi diretor do Centro de Aprendizagem no Laboratório de Tecnologia de Interface Humana (HITLab) e professor adjunto na Faculdade de Engenharia do Departamento de Música. Fez contribuições notáveis para a compreensão de como as pessoas aprendem a partir de diagramas e de como as teorias cognitivas e construtivistas da aprendizagem podem ajudar os *designers* instrucionais a selecionar estratégias de ensino eficazes. Seu trabalho se estendeu a teorias cognitivas de aprendizagem nos modelos de sistemas dinâmicos da cognição e da neurociência cognitiva.

pacidade de atender e entender os mistérios do aprendizado dos seres humanos e qual o papel que nosso ambiente e experiências exercem nessa capacidade.

Neste livro, empregamos a teoria de inteligências desiguais como ponto de partida, para que os leitores possam visualizar como os estudantes podem aprender de maneiras diferenciadas, seja seu domínio ou campo, a matemática ou a música, a linguagem ou a ciência.

Muitos acadêmicos usam a palavra *inteligência* para denotar competência numa variedade de áreas. No começo da década de 80, o psicólogo da Harvard, Howard Gardner, foi o pioneiro nesse campo de inteligências múltiplas. Um exame superficial de sua definição mostra como as pessoas podem ter diferentes forças e como a experiência do aprendizado pode ser adaptada a essas diferenças. A seguir, a maneira pela qual Gardner define inteligência:

- A capacidade de resolver problemas que a pessoa enfrenta na vida real.
- A capacidade de gerar novos problemas a serem resolvidos.
- A capacidade de fazer alguma coisa ou oferecer um serviço que tenha valor no âmbito da cultura da pessoa.

A seguir, breve definições das oito inteligências de Gardner:

- Linguística: capacidade de pensar em palavras e de usar a linguagem para dar expressão a significados complexos.
- Lógico-matemática: capacidade de calcular, quantificar, elaborar proposições e hipóteses e realizar complexas operações matemáticas.
- Espacial: capacidade de pensar em formas tridimensionais; perceber imagens externas e internas; recriar, transformar ou modificar imagens; transportar a si mesmo e a objetos pelo espaço; produzir ou decodificar informação gráfica.
- Corporal-cinestésica: capacidade de manipular objetos e de refinar habilidades físicas.
- Musical: capacidade de distinguir e criar movimento, melodia, ritmo e tom.
- Interpessoal: capacidade de entender e interagir efetivamente com outros.
- Intrapessoal: capacidade de construir uma autopercepção refinada e de usar este conhecimento no planejamento e determinação da própria vida.
- Naturalista: a capacidade de observar padrões na natureza, identificar e classificar objetos e entender sistemas naturais e sistemas produzidos pelo homem.

Há, ainda, outras correntes teóricas sobre os estilos de aprendizagem, como a do quadro a seguir de Honey e Mumford, desenvolvido com base no trabalho de David Kolb.

Ativo	Reflexivo	Teórico	Pragmático
Animador	Ponderado	Metódico	Experimentador
Improvisador	Consciente	Lógico	Prático
Descobridor	Receptivo	Objetivo	Direto
Espontâneo	Analítico	Crítico	Eficaz
Temerário	Exaustivo	Estruturado	Realista

Neil Fleming e Collen Mills, por sua vez, desenvolveram o questionário Vark, com 16 questões cujo objetivo é identificar o perfil de uma pessoa em relação a suas preferências de aprendizagem, ou seja, as maneiras pelas quais ela prefere receber e fornecer informação em um contexto de aprendizado. Os resultados apontam para quatro perfis:

- Visual (*visual*): prefere absorver imagens, vídeo, gráficos, cores, *layout*, *design* e demais estímulos gráfico-visuais.
- Ler/escrever (*read/write*): palavras escritas, prefere aprender lendo e escrevendo. Absorve informação por meio de listas, dicionários, livros, biblioteca, manuais, resumos e folhetos.
- Aural (*aural*): prefere assistir às aulas e ouvir a explicação do professor, participar de debates e discussões.
- Cinestésico (*kinesthetics*): prefere aprender fazendo, recebendo informações que estimulem os 5 sentidos, participar de aulas em que haja simulações da vida real, tentativa e erro, "mão na massa". São adeptos do aprendizado pela *performance*.

Qual é a relação de tudo isso com o ensino e a aprendizagem? Sempre que uma abordagem educacional é bem alinhada com as mais fortes inteligências ou atitudes da pessoa, o entendimento em geral surge com mais facilidade e maior entusiasmo. Em outras palavras, o aprendizado pode ser intrinsecamente motivador.

Para uma geração hedonista, com baixa tolerância a ausência do prazer e que precisa de estímulos diversos e contínuos, a motivação passa a ser um dos principais elementos facilitadores do processo de ensino e aprendizagem, assim como nas relações junto a educadores e professores.

A menos que os estudantes (e os professores também) sejam motivados, certamente rejeitarão o rigor de qualquer tarefa de aprendizado e a abandonarão antes de conquistar qualquer tipo de sucesso.

A motivação pode ser extrínseca ou intrínseca. A motivação extrínseca é a que procede do exterior da tarefa. Por exemplo, uma pessoa pode aprender a fazer algo não porque considerou a tarefa estimulante ou interessante, mas, sim, porque aprendê-lo lhe dará acesso a alguma coisa que deseja. Já a motivação intrínseca ocorre quando o trabalho em si estimula e impulsiona um indivíduo a continuar uma tarefa porque ela é inerentemente agradável e prazerosa. Nessa situação em que não há pressão externa, uma pessoa intrinsecamente motivada poderia, ainda assim, decidir empreender esse trabalho.

Sempre que existe alta motivação extrínseca para alguém aprender alguma coisa, o trabalho das instituições de ensino é facilitado. Elas não precisam ensinar conteúdo de uma forma intrinsecamente motivadora porque a simples apresentação desse conteúdo é o bastante. Os alunos acabam optando por dominar o tópico em questão em função da pressão extrínseca. Quando não existe motivação extrínseca, contudo, tudo se torna muito mais complicado. As instituições precisam criar métodos intrinsecamente motivadores de ensino.

Assim, este livro não tem a pretensão de reinventar a roda, mas se propõe a apresentar alguns métodos capazes de desenvolver um aprendizado baseado nos 4 "Es" dessa nova geração:

- Estímulo (motivação).
- Experiência – fazer o aluno vivenciar (experiência completa, 5 sentidos).
- Envolvimento.
- Emoção.

Vale ressaltar que muitos destes métodos foram adaptados para utilização pertinente junto às disciplinas em que foram aplicados e testados, bem como são métodos alinhados às 8 inteligências mapeadas por Gardner e por isso favorecem o aprendizado intrinsecamente motivador.

A pesquisa que inspirou o livro

Este livro é fruto de uma pesquisa, realizada entre maio e julho de 2009, cujo objetivo foi investigar e descrever:

- características de um bom professor sob a ótica dos alunos da Escola Superior de Administração, Marketing e Comunicação – ESAMC, nos mais diversos cursos e turnos de graduação em todas as suas unidades.

- Quais competências deve ter e projetar?
  - Técnicas: fundamentais para evidenciar qualificação (curso a curso).
  - Comportamentais: essenciais para inspiração.
  - Gerenciais: importantes para orientação.
- Como suas atitudes e comportamento em sala tornarão vívidas as declarações institucionais da ESAMC?

METODOLOGIA:

Os alunos foram convidados a participar em suas salas de aula e após o convite eles eram direcionados para outra sala. Aos participantes de todos os grupos foram explicados os objetivos da pesquisa, o caráter voluntário da participação, a duração aproximada da coleta de dados e a metodologia de coleta, em que todo o processo seria filmado. Foram constituídos 32 grupos e em cada grupo havia alunos de diferentes cursos, turnos e semestres, porém agrupados por áreas.

Os *Focus Groups* foram comandados por um profissional que efetuava as perguntas e tinha uma função "mediadora" de inserir as questões no momento mais adequado para os participantes. Havia ainda a presença de um segundo profissional, fazendo o papel de anotador e relator. Posteriormente foi realizada a transcrição dos dados. A partir desses dados foi feita a análise descritiva dos grupos, que, associada aos demais aspectos, permitiu a elaboração do relatório final que inspirou o desenvolvimento de um cardápio de métodos que evoluiu para este livro.

Para os alunos foram aplicadas as seguintes perguntas:

1. O que é um bom professor?
2. O que faz um bom professor em sala de aula?
3. O que um bom professor jamais deve fazer em sala de aula?
4. Pense no professor ídolo que você tem. Quais características ele possui para você considerá-lo ídolo? Como é a aula dele?

Os depoimentos dos alunos foram organizados por grupos, conforme exposto a seguir:

- grupo por curso, matutino, de 1 a 4 semestres;
- grupo por curso, noturno, de 1 a 4 semestres;
- grupo por curso, matutino, de 5 a 8 semestres;
- grupo por curso, noturno, de 5 a 8 semestres.

A pesquisa foi realizada com amostras entre 12 e 16 participantes. Os grupos foram compostos por adultos, alunos da ESAMC com idades entre 17 a 25 anos de classes A1-B1 (foco da Instituição), sendo que homens e mulheres não apresentavam a mesma proporção, por conta do caráter voluntário da participação, incorrendo em algumas baixas durante a execução da pesquisa.

Dessa forma, o referido estudo apresenta um indicador de tendência que, mesmo sem ser uma amostra probabilística, merece consideração pela frequência com que se repete.

A estrutura do livro

Este livro é o resultado de um trabalho de pesquisa de alguns anos, de professores e coordenadores de área da ESAMC – Campinas motivado pelas profundas transformações que sofreram os jovens que chegam até a faculdade.

Sua estrutura é simples: a organização dos capítulos visa facilitar sua utilização pelo corpo docente de qualquer unidade da ESAMC, bem como de qualquer instituição de ensino que deseje atender às demandas acadêmicas deste século.

No prefácio, o Prof. Luiz Francisco Gracioso, Presidente da ESAMC, discorre sobre o futuro do Brasil e sobre o papel das Instituições de Ensino Superior nesse cenário.

No segundo capítulo, o professor Marcelo Veras, Vice-Presidente Acadêmico da ESAMC, apresenta o modelo pedagógico ESAMC e os desafios do desenvolvimento de competências técnicas, gerenciais e comportamentais nos jovens Nativos Digitais.

No terceiro capítulo, o professor Adriano Novaes apresenta o programa de *coaching* como importante ferramenta para auxiliar a nova geração a desenvolver e gerenciar os três grupos de competências.

No quarto capítulo, os leitores encontrarão 23 métodos, sendo um por capítulo, adaptados a dinâmica e modelo pedagógico ESAMC. Todos esses métodos foram escritos e/ou reescritos pelo Grupo de Coordenadores de Área da ESAMC, a saber:

Área 1: Economia e Relações Internacionais: Prof. Anderson Pellegrino

Área 2: Direito Privado: Prof. Marcelo Augusto Scudeler

Área 3: Propedêutica e Criminologia: Profa. Carolina Lourenço Defilippi Gonçalves

Área 4: Direito Público: Prof. Caio Ravaglia

Área 5: Marketing, Pesquisa e Estratégia: Profa. Silvia Cristina Prado

Área 6: Finanças, Contabilidade e Raciocínio Matemático: Profa. Manuela Santin Souza de Stefano

Área 7: Design, Moda, Base Comunicação e Raciocínio Qualitativo: Profa. Sylvia Helena Furegatti

Área 8: Comunicação e Criação: Profa. Eliane El Badouy Cecchettini

Área 9: Operações, RH e TI: Prof. Adriano Pedro Bom

Os métodos estão organizados conforme diagrama e tabela a seguir:

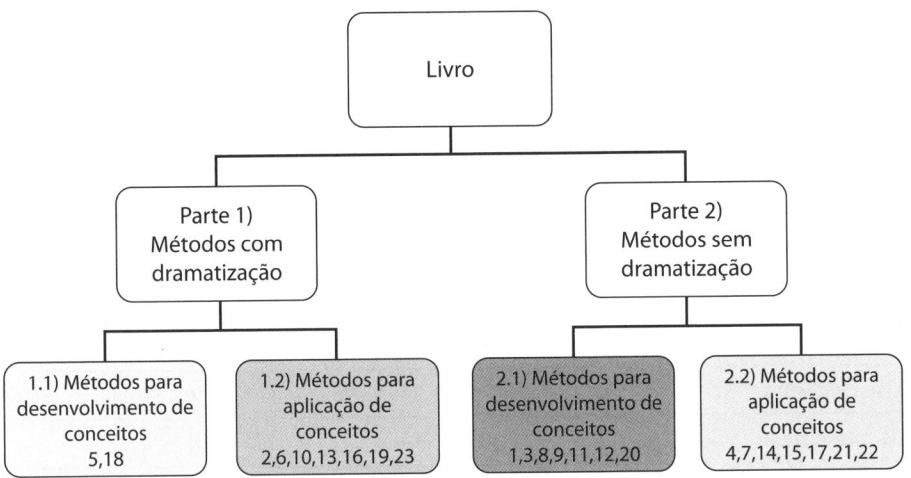

Dramatização: pressupõe que um ou alguns alunos deverão realizar dramatizações ou apresentações formais à classe.

Desenvolvimento de conceitos: métodos que conduzirão essencialmente à construção de conceitos pelos alunos.

Aplicação de conceitos: métodos que dependem de estudo ou aprendizado prévio de conceitos pelos alunos. Destinam-se à aferição de aprendizado ou exercício da aplicação dos conceitos já aprendidos.

	Com dramatização		Sem dramatização	
Métodos:	Desenvolvimento de conceitos	Aplicação de conceitos	Desenvolvimento de conceitos	Aplicação de conceitos
1 – PBL (*Problem based learning*)			X	
2 – Telejornal		X		
3 – Leitura e formulação de perguntas			X	
4 – *Quizz show*				X
5 – Confecção de *jingles* ou músicas	X			
6 – Grupo de observação e grupo de verbalização (GO – GV)		X		
7 – Caça-erros				X
8 – Uso de filmes			X	
9 – Monte a frase			X	
10 – *Role play* (dramatização)		X		
11 – Palavras cruzadas			X	
12 – *Cool hunting*			X	
13 – Debate público		X		
14 – Mapa conceitual				X
15 – A César o que é de César				X
16 – Desafio de conhecimento		X		
17 – Comparação de fatos				X
18 – Improvisar é a regra	X			
19 – Sabatinados		X		
20 – Adaptação de Jogos Infantis – WAR			X	
21 – Debate competitivo				X
22 – Você é o professor				X
23 – Seminários/Painel		X		

No último capítulo, o Prof. Adriano Pedro Bom, em suas considerações finais, faz o fechamento com sugestões de como aproveitar e potencializar os melhores resultados a partir da aplicação dos métodos.

Como usar este livro

Não temos a pretensão de trazer a fórmula capaz de solucionar os problemas de aprendizagem dos Nativos Digitais. Como já falado anteriormente, nosso objetivo é aumentar a motivação intrínseca, através da ruptura gradativa dos métodos clássicos do sistema monolítico de ensino cristalizado ao longo de anos.

Os métodos aqui apresentados foram classificados levando em consideração pareceres de professores que já os aplicaram, além de nossa análise e observação.

Dessa forma, os agrupamos, em primeiro nível, sob a classificação "Dramatizados e Não dramatizados". A razão é que, em função de características de determinado público-alvo, a dramatização pode ser ou não uma forma atraente. Também há disciplinas mais adequadas a uma ou outra prática, bem como professores com afinidades maiores com uma ou outra linha de métodos.

Em uma segunda fase classificatória, ficou evidente que há métodos com predominância (embora não exclusivamente) na construção de conceitos e métodos mais alinhados à aplicação e consolidação de conceitos já desenvolvidos.

Classificando os métodos dessa maneira, o professor poderá, por exemplo, encontrar facilmente, segundo sua intenção, "um método de construção do conhecimento em que não haja dramatização", ou, como outro exemplo, "Um método de aplicação de conhecimentos com dramatização", e assim sucessivamente.

Vale destacar que as classificações realizadas são aproximadas, e pode haver casos por exemplo em que um método classificado como "Construção de conceitos" também possa ser utilizado na "Aplicação de conceitos". Em casos como esses, procuramos definir pela maior aderência do método, sem excluir outras possibilidades.

Assim, o leitor poderá utilizar quantos métodos desejar desta seleção inicial que ora apresentamos ou qualquer outro que deseje incluir e adaptar. Entretanto, seja qual for o método escolhido é fundamental que sua aplicação seja orientada pelas sete estratégias, estabelecidas por Don Tapscott, em seu livro *Grown up digital*, que o ajudarão a se tornar um professor melhor nesta nova era digital e que os reproduzo a seguir:

1. Não jogue a tecnologia na sala de aula esperando bons resultados. Concentre-se na mudança da pedagogia, e não da tecnologia. Aprendizado 2.0 significa transformar dramaticamente a relação entre professor e aluno no processo de aprendizado. Acerte isso e use a tecnologia para

criar um ambiente de educação centrado no aluno, customizado e colaborativo.

2. Reduza as aulas expositivas. Você não precisa ter todas as respostas. Além disso, o ensino de massa não funciona para essa geração. Comece fazendo perguntas aos alunos e ouvindo as respostas. Ouça também as perguntas feitas por eles. Deixe-os descobrir a resposta. Deixe-os criar junto com você a experiência de aprendizado.

3. Dê aos alunos poder para colaborar. Estimule-os a trabalhar uns com os outros e mostre como acessar o mundo de especialistas em um determinado assunto que está disponível na Internet.

4. Concentre-se no aprendizado para a vida inteira, e não apenas para uma prova. O que conta não é o que eles sabem quando se formam, mas a capacidade e o amor pelo aprendizado duradouro. Não se preocupe se esses jovens esquecem as datas de batalhas importantes da história. Eles podem procurá-las. Concentre-se em ensinar como aprender – e não o que saber.

5. Use a tecnologia para conhecer cada aluno e construa programas de aprendizado com um ritmo próprio, apropriado para eles.

6. Crie programas educacionais de acordo com as oito normas baseadas nos valores dos nativos digitais. É necessário que haja opções, customização, transparência, integridade, colaboração, diversão, velocidade e inovação nas experiências de aprendizado. Utilize os pontos fortes da cultura e do comportamento dessa geração em experiências de aprendizado baseadas em projetos.

7. Reinvente-se como professor, docente universitário ou educador. Você também pode dizer: "Agora, mal posso esperar para me levantar de manhã e ir trabalhar."

A mudança poderá não ser fácil, mas certamente será compensadora. Em vez de gastar a maior parte de seu tempo transmitindo, ano após ano, lições padronizadas, os professores passarão a agir mais como orientadores, motivadores e tutores do aprendizado, para ajudar os estudantes a descobrir a abordagem de aprendizagem, que, para eles, tenha mais sentido.

Aproveite a leitura.

 # Modelo Pedagógico ESAMC

Marcelo Veras

No início de 2003, logo após a posse do presidente Lula em seu primeiro mandato, começou a dança de cadeiras no governo, como sempre acontece quando o poder muda de mão. Já eram conhecidos praticamente todos os ministros do novo governo. No caso da educação, o escolhido para assumir a pasta foi o, então senador, Cristovam Buarque.

Até então, e por vários anos, o ensino superior brasileiro, em plena fase de expansão, tinha como seu principal indicador de qualidade o Exame Nacional de Cursos, chamado "Provão do MEC", criado pelo Ex-ministro da educação Paulo Renato Souza, durante os oito anos do governo Fernando Henrique Cardoso. Claro, direto, simples e entendido por todos. Assim era o provão do MEC. Anualmente, por oito anos, todos os alunos, de todos os cursos superiores eram avaliados por uma prova escrita. Cada curso recebia o seu conceito: A, B, C, D ou E. Simples assim. A sociedade entendia o que era bom e o que era ruim. Conceitos A e B eram bons. Conceito C significava "luz amarela acesa". Conceitos D e E significavam problemas.

Esse sistema de avaliação, assim como qualquer outro, tinha suas limitações e podia ser questionado em alguns aspectos. Porém, como sempre se vê na política brasileira, a ideologia fala mais alto do que a técnica. Mudar tudo, mesmo o que é bom, faz parte de uma filosofia de quem assume o poder. O continuísmo e a melhoria do que já existe de bom significa assumir que as ideias do antecessor eram boas. E isso não pode. Pois assim aconteceu mais uma vez. Em setembro de 2003 o governo anunciava o fim do provão do MEC. E iniciava-se uma nova discussão, do zero, para se elaborar um sistema de avaliação do ensino superior brasileiro. Assim nasceu o SINAES, um sistema belíssimo conceitualmente, completo, complexo, amplo etc. Só que, de tão complexo e de difícil implantação, deixou o Brasil praticamente oito anos sem um indicador de qualidade que a sociedade entendesse e usasse como ferramenta de tomada de decisão.

Bem, o objetivo aqui não é discutir políticas governamentais, nem, muito menos, sistemas de avaliação de ensino superior por parte do governo. Esse breve retrospecto histórico serve apenas para citar um fato que foi decisivo para a ESAMC na sua história como Instituição de Ensino Superior (IES). O fim do provão, de certa forma, colocou todas as IES na "vala comum" de novo. Quem tinha um histórico de nota A no provão, como era o nosso caso, se viu órfã de um indicador que pudesse ser usado como cartão de visita e de apresentação dos nossos diferenciais. É como se a sociedade tivesse perdido a lente que separava o joio do trigo.

Durante os primeiros meses após o fim do provão, a pergunta que não queria calar era sempre a mesma: *O que faremos agora?* A ESAMC, até então com 4 anos de vida, já era considerada uma referência de qualidade nas cidades onde estava presente. Acabava de formar a sua primeira turma com 90% dos seus alunos empregados nas áreas específicas e se viu diante de um grande desafio. Talvez o maior da sua história até hoje. Como criar novos diferenciais? Como se destacar das demais IES e se consolidar como uma escola de ponta? Naquela época, a ESAMC era uma faculdade com apenas dois cursos de graduação: Administração em empresas e Propaganda e Marketing.

Por filosofia, nós sempre enxergamos o nosso modelo pedagógico como um meio, e não como um fim em si mesmo. Sempre vimos os perfis do aluno ingressante e do aluno egresso como variáveis fixas de uma equação e não como variáveis definidas por nós. O nosso resultado no provão (conceito A) não era necessariamente um objetivo, mas sim uma consequência. Nosso objetivo era garantir uma formação completa e focada no mercado, visando dar aos alunos uma excelente condição de empregabilidade para aqueles que quisessem desenvolver a sua carreira como executivos ou as competências necessárias para aqueles que quisessem abrir o seu próprio negócio.

O perfil do ingressante em nossos cursos de graduação sempre foi muito claro e medido. Jovens, na faixa de 17 a 20 anos, de classe média e classe média alta, com boa formação, ambiciosos, conectados com o mundo e ainda sem clareza e maturidade sobre as questões profissionais.

Já o perfil do egresso era também conhecido através da experiência de vários gestores da ESAMC oriundos do mercado, além de vários professores, executivos, consultores e empresários, que nos alimentavam com as demandas das organizações em relação às competências desejadas em jovens recém-formados.

O modelo pedagógico da ESAMC sempre priorizou a qualidade. Nossas grades curriculares sempre foram elaboradas com base em eixos de conhecimento, garantindo uma formação completa em cada eixo funcional e de formação básica. As provas de final de eixo, cobrindo o conteúdo de várias disciplinas, garantiam a ausência de lacunas de formação. A média de aprovação 7,0 (sete), sem prova final, exame etc., dava o tom do rigor acadêmico. A autoridade dos professores era, e sempre foi, uma marca da ESAMC. O contrato pedagógico, com regras de convivência em sala de aula combinadas, registradas, publicadas e revisadas eram a garantia de uma relação madura e profissional entre alunos de professores. A nossa carga horária, muito acima do mínimo exigido por lei, garantia uma formação de alta qualidade e bem completa. Ou seja, aparentemente já tínhamos esgotado todas as possibilidades de melhoria de qualidade e de inovação em termos de modelo pedagógico. A nossa busca incessante por mais qualidade na formação dos nossos alunos parecia ter acabado.

O fim do provão do MEC, embora criticado por muitos, foi determinante para que a ESAMC encontrasse uma nova perspectiva para os rumos que teríamos de dar para essa "jovem" escola. Ao longo de vários meses, discutimos muito os rumos que teríamos de dar à escola para os 10 anos seguintes. A ESAMC sempre foi administrada como uma empresa. Tínhamos orçamento, planejamento anual, metas claras – acadêmicas, financeiras e mercadológicas, entre outras práticas presentes em empresas profissionalizadas. Entretanto, de uma hora para outra, tivemos de buscar uma nova forma, ainda não pensada, de nos diferenciarmos num mercado altamente competitivo como é o ensino superior no Brasil.

Após diversas discussões entre os gestores da ESAMC, chegamos à conclusão de que, embora já tivéssemos feito muitos investimentos em nosso modelo pedagógico e estivéssemos muito à frente do que se via no mercado, deveríamos focar todos os nossos esforços em nosso único e mais preciso ativo: **o nosso aluno**. Deveríamos encontrar novas formas de melhorar ainda mais nosso modelo pedagógico, visando aumentar as chances de sucesso de quem estudava na ESAMC. "Comprometimento com o sucesso do nosso aluno" – essa foi a frase que nos motivou a buscar incessantemente algo novo e inusitado. Esse era o pano de fundo.

O interessante é que, mesmo sendo uma discussão recorrente e presente no dia a dia da área acadêmica da ESAMC, desta vez ela soava diferente. Desta vez a demanda por inovação era maior. Todos estavam se sentindo mais desafiados a pensar em algo novo, realmente novo. Parece que todos nós tínhamos sido contaminados por um desejo brutal de, como se diz em Minas, "colocar o ovo em pé".

A partir daí, o processo de inovação se deu de forma muito rápida e efetiva. O primeiro ponto, que foi logo consenso entre todos, foi que DEVERÍAMOS urgentemente rever o nosso modelo pedagógico de forma ampla, e começando, obviamente, do começo. Com a seguinte pergunta:

– Qual é o aluno que queremos formar?

A partir daí, respeitando integralmente o nosso slogan *"ESAMC, a menor distância entre o mercado e você",* não havia outra coisa a fazer senão estruturar e realizar aquela que foi a maior pesquisa de mercado que uma IES já realizou sobre competências empresariais no Brasil. Durante longos 9 meses, fomos bater à porta de dezenas de empresas no Brasil, de todos os setores e portes, para perguntar e ouvir de seus líderes as suas visões sobre o que é um profissional de sucesso e quais competências deveriam possuir.

A Pesquisa: O mercado é fonte

A amostra foi montada buscando ter uma ampla visão de todos os setores e portes de empresas. Quase 60 empresas listadas entre as 100 Maiores da revista *Exame* foram escolhidas. Além delas, algumas das principais agências de propaganda, empresas de consultoria e empresas de seleção de executivos e alguns dos mais renomados *Head Hunters*. A autoridade moral das pessoas com que falamos era inquestionável. Ouvimos diretores e vice-presidentes de RH, diretores de outras áreas, presidentes, e em alguns casos, os próprios donos.

Como queríamos explorar o assunto com uma perspectiva nova, a técnica utilizada foi a de entrevista de profundidade. Não tínhamos um questionário fechado e nem atributos definidos. Queríamos ouvir a visão desses líderes empresariais sem filtro algum. As entrevistas chegavam a durar 1h30. As questões levantadas eram as seguintes:

- O que é um profissional de sucesso, na sua visão?
- Quais competências deve possuir?

A partir daí, tudo era anotado ou gravado. Nada se perdeu. São "toneladas" de registros acumulados ao longo desses 9 meses. De posse de todo esse rico material, uma equipe multidisciplinar da ESAMC, envolvendo gestores, coordenadores e professores de algumas áreas afins sentou-se para digerir, interpretar e formar um modelo que resumisse o senso geral do mercado.

A primeira conclusão foi a mais importante de todas e mudou radicalmente nossa forma de enxergar a formação de alunos no ensino superior. O mercado deixou claro que o sucesso de um profissional está ligado a um elevado padrão de entrega de resultados, e que tais resultados se devem a três grupos de competências: técnicas, comportamentais e gerenciais. Mais ainda: que as duas primeiras (técnicas e comportamentais) formam o terceiro grupo (gerenciais).

As **competências técnicas**, segundo o mercado, são os conhecimentos necessários para o exercício de cada profissão. Elas representam o SABER. Os profissionais de sucesso são competentes no que fazem. Dominam a técnica e as ferramentas de tomada de decisão em suas áreas. Um profissional de sucesso na área financeira deve ter profundos conhecimentos em finanças, mercado de capitais, fluxos de investimentos etc. Além disso, o mercado destacou outras cinco competências técnicas que, segundo ele, são altamente importantes no mundo atual e em praticamente todas as áreas – e para as quais as escolas e os alunos não estavam dando a devida importância. São elas:

- Raciocínio analítico: capacidade de extrair de um conjunto de informações ou fatos o que é relevante e pertinente.

    Importância: um profissional com essa competência não se perde na overdose de informação que existe hoje, concentrando-se apenas naquilo que pode ser útil e eficaz.

- Raciocínio crítico: competência de compreender o passado para explicar o presente e projetar o futuro.

    Importância: um profissional com essa competência sabe identificar o momento histórico de cada fenômeno que está analisando e faz inferências com mais qualidade.

- Raciocínio lógico: capacidade de associar eventos e quantificar a associação. É grande diferencial dos engenheiros, que dominam os cargos de liderança nas empresas.

    Importância: um profissional com essa competência consegue identificar relações de causa e efeito entre decisões, analisar melhor riscos, gerenciar processos de forma mais eficiente e ter uma visão mais ampliada dos fatos.

- Comunicação e expressão: capacidade de se comunicar corretamente, seja por meio oral ou escrito.

    Importância: sem essa competência, dificilmente um profissional consegue liderar equipes e alinhar pessoas.

- Língua inglesa: dominar com fluência a língua universal do mundo dos negócios.

    Importância: em um mundo globalizado, todos os profissionais precisam estar aptos a se comunicar com pessoas de outros países.

No segundo grupo, temos as **competências comportamentais**, que representam as atitudes e os padrões de comportamento no ambiente de trabalho. Elas representam o SER. E chegamos a sete competências através da pesquisa:

- Empreendedorismo.
- Ética.
- Comprometimento.
- Equilíbrio emocional.
- Relacionamento interpessoal.
- Consciência da diversidade cultural.
- Flexibilidade.

Essas são, segundo o mercado, as sete "ferramentas mágicas" que fazem com que uns cheguem lá e outros não. São as atitudes que diferenciam os vencedores dos perdedores. Segundo os líderes empresariais, conhecimento por si só não garante e não garantirá o sucesso de um jovem graduado. Bons conhecimentos precisam de boas atitudes para se transformar em resultados concretos.

No terceiro e último grupo estão as **competências gerenciais**, resultado dos dois grupos de competências anteriores trabalhando juntos: O SABER FAZER. Aquilo que produz o resultado, como decorrência de bons conhecimentos e atitudes corretas. Este grupo é composto por 9 competências. São elas:

- Liderança.
- Visão global e pensamento estratégico.
- Gestão de pessoas e conflitos.
- Processo de vendas e negociação.
- Trabalho em equipe.
- Gerenciamento e entrega.
- Processo de tomada de decisão.
- Etiqueta empresarial.
- Cultura e valores organizacionais.

Em outras palavras, o que descobrimos primeiramente de mais valioso nessa pesquisa foi que o sucesso de um profissional pode ser compreendido com um modelo simples e claro, que tem a meritocracia como base.

O resumo da ópera é quase uma equação matemática. SER + SABER = SABER FAZER. Em outras palavras, resultado é igual a conhecimento + atitudes.

Nesse ponto houve uma discussão muito importante e decisiva. De uma forma geral, as escolas focam seus esforços no desenvolvimento de competências técnicas. No ensino superior, isso é bem mais evidente. Raros projetos pedagógicos possuem instrumentos formais para desenvolver outras competências que não as técnicas. Nós próprios achávamos que a ESAMC desenvolvia todas as competências necessárias para o sucesso profissional e vimos claramente nesta pesquisa que "o buraco era bem mais embaixo". Ter, em uma ou mais disciplinas, trabalhos em equipe não significa que a escola desenvolve a competência "Trabalho em equipe". Isso ficou muito claro, por exemplo, em uma das entrevistas, quando um vice-presidente de RH de uma grande empresa disse textualmente que os alunos recém-formados não sabiam trabalhar em equipe. Ao tentarmos nos justificar e dizer que na ESAMC nós desenvolvíamos, sim, essa competências, que tínhamos vários projetos desenvolvidos em grupo ao longo do curso etc., fomos indagados: Quem escolhe o grupo de trabalho quando uma disciplina tem trabalho em grupo? A nossa resposta: os alunos.

Se o grupo chega ao final do trabalho e diz que "carregou" o aluno fulano nas costas e que esse não trabalhou como os outros, o que vocês fazem? A nossa resposta: dizemos que a responsabilidade é do grupo e se eles aceitaram assim, não há o que fazer.

Ao ouvir tais respostas, esse alto executivo disse claramente que, nem nós da ESAMC, e nem escola alguma no Brasil, inclusive a que ele tinha estudado, desenvolvia essa competência. Primeiro, porque no mercado de trabalho ninguém escolhe com quem vai trabalhar. Ninguém escolhe chefe, pares e, às vezes, nem subordinados. Segundo, que, no mercado, se um membro de uma equipe não cumpre as suas responsabilidades no grupo, é expurgado. Ou seja, o que as escolas fazem e dizem que fazem nesse campo trata-se de mero equívoco, nada perto do que acontece realmente na vida real.

Ao ouvir apenas esse exemplo, de uma das 16 competências listadas, vimos que, de fato, se quiséssemos realmente desenvolver essas competências em nossos alunos, precisaríamos entrar em questões que, até então, não eram vistas como responsabilidade direta de uma escola. Mudança e desenvolvimento de **atitudes** exigiriam de nós o cruzamento de uma fronteira nova e relativamente desconhecida. Um modelo pedagógico que se propusesse a desenvolver novas atitudes e novas formas de se relacionar com pessoas, de forma estruturada e amarrada, seria um enorme desafio.

Mas, embora víssemos que o desafio seria grande, a essa altura do campeonato, a situação não tinha mais volta. Estávamos todos contaminados pelo desejo de encontrar formas estruturadas para desenvolverem nos nossos alunos as 16 competências. Sabíamos que isso representaria um avanço sem precedentes na nossa história e no ensino superior brasileiro.

A partir daí, tínhamos um segundo grande desafio: entender mais profundamente o que significava, para o mercado, cada uma dessas 16 competências. Algumas das competências listadas acima são alvo de muitos estudos acadêmicos e enchem as prateleiras de livrarias com lançamentos de títulos mensalmente. Mas, mantendo-nos fieis ao propósito inicial de nos apoiarmos na opinião do mercado, voltamos a várias empresas, pela segunda vez, para explorar as questões a seguir:

- Qual é a definição de cada uma dessas competências para o mercado?
- Quais são os atributos que tangibilizam cada competência no dia a dia?
- Como fazer para avaliar esses atributos?
- Como fazer para desenvolver esses atributos?

A pesquisa: segunda rodada

Em uma nova rodada, desta vez como uma amostra menor, fomos explorar os pontos acima, já com uma decisão tomada: *nós vamos desenvolver um novo modelo pedagógico que contemple o desenvolvimento de todas essas competências*. Já tínhamos até nomeado o que passamos a chamar de DNA ESAMC:

> *Queremos formar um profissional completo e com todas as competências técnicas, comportamentais e gerenciais requeridas pelo mercado.*

A segunda rodada se deu de forma tranquila, mas não menos trabalhosa. Foram mais 4 meses entre as entrevistas e a organização e interpretação das informações. A partir daí, segue o resultado de todo esse trabalho, respondendo às quatro questões acima:

2.1 Qual é a definição de cada uma dessas competências para o mercado?

As definições para cada uma das 16 competências empresariais mostraram-nos que o mercado tem uma visão menos romântica e mais prática do que a academia e de alguns teóricos que escrevem sobre essas competências. Seguem as definições:

	Competências comportamentais
1	Empreendedorismo: capacidade de enxergar oportunidades, calcular riscos e implementar projetos que criem valor empresarial.
2	Ética: conduta idônea – conjunto de princípios morais que se deve observar no exercício da profissão.
3	Comprometimento – *accountability*: compromisso com o resultado final.
4	Equilíbrio emocional: capacidade de trabalhar sob pressão, sem perder foco e agilidade na busca de resultados.
5	Relacionamento interpessoal: capacidade de interagir e criar rede de contatos de forma construtiva.
6	Consciência e diversidade cultural: conhecimento, compreensão e convivência com as diferenças, de forma profissional e produtiva.
7	Flexibilidade: capacidade de se adaptar a novas situações.
	Competências gerenciais
1	Liderança: capacidade de alinhar e conduzir equipes e pessoas aos objetivos e valores da empresa, respeitando as diretrizes e estratégias empresariais.
2	Visão global e pensamento estratégico: capacidade de pensar a empresa de maneira integrada a curto, médio e longo prazo, visando perpetuação do negócio.
3	Gestão de pessoas e conflitos: capacidade de atrair, manter e desenvolver pessoas para grupos de alta *performance*.
4	Processo de vendas e negociação: capacidade de apresentar ideias e projetos de forma profissional e persuasiva e negociar de forma ganha-ganha.
5	Trabalho em equipe: capacidade de trabalhar em equipe de forma profissional e construtiva.
6	Gerenciamento e entrega: capacidade de planejar, organizar, implementar e controlar projetos e processos.
7	Processo de tomada de decisão: capacidade de identificar e resolver problemas/oportunidades de forma eficaz.
8	Etiqueta empresarial: capacidade de se comportar corretamente em situações empresariais.
9	Cultura e valores empresariais: capacidade de identificar, conhecer e respeitar o código de conduta escrito e não escrito de organizações.

2.2 Quais são os atributos que tangibilizam cada competência?

Somente com as definições de cada competência fica difícil identificar como elas são tangibilizadas no ambiente de trabalho. Assim, mapeamos também como cada uma delas se materializa. A isso chamamos de atributos de competências, como segue:

ESAMC – Atributos das competências do DNA ESAMC

Empreendedorismo

1 – Quer e procura visualizar oportunidades e novos desafios.

2 – Aceita e calcula riscos.

3 – Possui habilidade de criação de novos planos, novos produtos ou novos processos que criem valor empresarial.

4 – Possui habilidade ou capacidade de implementar e conduzir novos projetos.

5 – Demonstra paixão e entusiasmo pelo que faz.

6 – Possui atitude vencedora. Acredita que vai conseguir e mobiliza quem for necessário. Não faz apenas "a sua parte".

Ética

1 – Assume suas responsabilidades e não procura culpar os outros pelos seus erros.

2 – Busca atingir seus objetivos com seus próprios méritos.

3 – Busca atingir seus objetivos de maneira lícita.

4 – Respeita as regras do ambiente onde se encontra.

Comprometimento

1 – Entrega o que lhe foi delegado com qualidade.

2 – Cumpre prazos.

3 – Busca atingir objetivos: orientação para resultados.

4 – Possui senso de urgência.

5 – Não aponta problemas. Apresenta soluções.

6 – Garante presença e pontualidade nos eventos para os quais é convocado.

7 – Disponibilidade: retorno de *e-mail*s, ligações. Fácil de ser encontrado quando necessário.

Equilíbrio emocional

1 – Mantém o controle emocional em situações adversas.

2 – Mantém agilidade em situações adversas. Não "trava".

3 – Busca resultados em situações adversas.

Relacionamento interpessoal

1 – Gosta e demonstra interesse em se relacionar com pessoas.

2 – Sabe criar redes de contato e relacionamento.

3 – Consegue desenvolver e perenizar redes de contato e relacionamento.

4 – Sabe interagir com os outros de forma construtiva, demonstrando consideração, respeito e preocupação com o crescimento do outro.

5 – Sabe ouvir as pessoas.

6 – Possui empatia: sabe se colocar no lugar do outro.

Consciência e diversidade cultural

1 – Conhece as diversidades culturais e comportamentais (religião, raça, orientação sexual etc.).

2 – Respeita as diversidades culturais e comportamentais.

3 – Convive profissionalmente com as diversidades culturais e comportamentais de forma cooperativa e profissional.

Flexibilidade

1 – Demonstra vontade de aprender e se atualizar.

2 – Aceita novos desafios.

3 – Aceita novas formas de trabalho.

4 – Aceita novas formas de interagir com os outros.

5 – Aceita mudar de posição – quando convencido – e trabalha para o sucesso da decisão.

Liderança

1 – Alinha e conduz equipe e pessoas aos objetivos definidos para o grupo.

2 – Sabe reconhecer e valorizar as pessoas agindo com imparcialidade e guiado pela meritocracia.

3 – É assertivo: coloca a sua posição e permite que os outros o façam sem temor.

4 – Sabe se comunicar de forma correta e eficaz com pares, superiores e subordinados, seja pessoalmente, por escrito ou por meios eletrônicos.

5 – Sabe compor alianças.

6 – Cria um ambiente à sua volta pautado pelo respeito e pela confiança.

7 – Possui autonomia para se gerenciar e se automotivar.

8 – É acessível às pessoas. Não se coloca como um Deus, inacessível.

Visão global e pensamento estratégico

1 – Consegue construir cenários futuros. Pensa a longo prazo.

2 – Decide de forma equilibrada em relação aos impactos imediatos e futuros. Consegue analisar impacto de decisões no futuro da empresa.

3 – Possui capacidade de visualizar a interdependência existente entre diversas ações e decisões.

Gestão de pessoas e conflitos

1 – Consegue atrair pessoas competentes.

2 – Consegue reter na equipe pessoas competentes.

3 – Consegue desenvolver e dar oportunidades a pessoas competentes.

4 – Sabe delegar. Não é centralizador.

5 – Sabe dar demonstrações de reconhecimento às pessoas da equipe.

6 – Dá *feedback* frequente e de forma profissional, visando ao desenvolvimento de quem recebe.

7 – Sabe identificar conflitos rapidamente.

8 – Sabe resolver conflitos entre pessoas de forma construtiva.

Processo de vendas e negociação

1 – Procura conhecer previamente a outra parte envolvida na negociação.

2 – Consegue apresentar ideias e projetos de forma profissional.

3 – Consegue negociar ideias e projetos de forma profissional, visando ganha-ganha.

4 – Possui capacidade de persuadir.

Trabalho em equipe

1 – Reconhece e aceita as competências complementares.
2 – Possui foco no resultado da equipe.
3 – Entende e aceita a liderança situacional.
4 – Respeita os colegas de equipe.
5 – Cumpre prazos definidos pela equipe.

Gerenciamento e entrega

1 – É uma pessoa organizada com a sua agenda e compromissos.
2 – Sabe planejar ações antes de implementar.
3 – Consegue implementar de forma eficaz os seus projetos.
4 – Sabe controlar o resultado e fazer correções de rota.

Processo de tomada de decisão

1 – Sabe identificar problemas.
2 – Consegue levantar causas dos problemas.
3 – Sabe gerar alternativas de solução para os problemas.
4 – Consegue analisar alternativas de solução e escolher a(s) solução(ões) mais correta(s), considerando aplicabilidade, risco e coerência.
5 – Sabe desenvolver planos de ação de forma correta, com ação, responsável e data para conclusão.

Etiqueta empresarial

1 – Consegue se apresentar corretamente em qualquer situação.
2 – Sabe se comportar de forma correta em qualquer situação.

Cultura e valores empresariais

1 – Consegue identificar e conhecer o código de conduta (escrito e não escrito) da empresa.
2 – Respeita o código de conduta da empresa.

2.3 Como fazer para avaliar esses atributos?

Esta foi uma pergunta difícil de responder. Como praticamente todas as escolas concentram-se no desenvolvimento de competências técnicas, o modelo tradicional de avaliação é o modelo para se avaliar conhecimento: provas, trabalhos, exercícios etc.

A partir da perspectiva de desenvolver em nossos alunos esses outros dois grupos de competências, concluímos, a partir da opinião do mercado e do nosso profundo conhecimento sobre gestão de marcas, que tais competências só podem ser avaliadas a partir do que chamamos de "Imagem projetada". Ou seja, no mercado, tais competências estão desenvolvidas à medida em que são reconhecidas por pares, superiores e subordinados. Assim, eu sou aquilo que consigo projetar como imagem profissional e pessoal, da mesma forma que a imagem de uma marca depende do que ela consegue projetar com o seu *marketing mix* na cabeça do consumidor. Essa analogia entre gestão de marcas e competências foi fundamental para o desenvolvimento do modelo.

Na verdade, isso parece óbvio e é amplamente utilizado pelas empresas em avaliações de competências. Algumas utilizam avaliação 360 graus como ferramenta de desenvolvimento de seus executivos. No nosso caso, ficou claro que a ESAMC precisaria fazer uso das técnicas mais modernas de avaliação de competências, já utilizadas por várias empresas.

A partir daí, decidimos que o nosso modelo pedagógico deveria instituir uma ferramenta de avaliação 360 graus, em que o aluno pudesse ser, ao longo dos anos que estuda conosco, avaliado por seus colegas de classe, professores, familiares, amigos e colegas de trabalho. Essa decisão materializou-se depois, com um inédito Programa de *Coaching* ESAMC.

2.4 Como fazer para desenvolver esses atributos?

Essa foi a questão mais fácil de todas, pelo menos conceitualmente. Não é preciso pensar muito para se concluir que essas competências, depois de conhecidas e entendidas, se desenvolvem de uma única forma: **vivência**. É como aprender a andar de bicicleta. Você pode ler todos os livros sobre como andar de bicicleta, mas só vai aprender, de fato, depois que subir em uma. E provavelmente depois de alguns tombos. Da mesma forma, cada uma das 16 competências, para ser plenamente desenvolvida, precisa ser vivenciada diariamente por quem quer desenvolvê-la. Ninguém será um bom negociador apenas lendo livros sobre negociação. Ninguém será empreendedor apenas lendo livros sobre empreendedorismo. Vivência. Essa é a palavra-chave aqui.

Dentro dessa perspectiva, concluímos que o novo modelo pedagógico precisava gerar as condições para que os alunos vivenciassem essas competências durante o maior período possível. Assim, as chances de chegar ao dia da formatura com um bom nível de desenvolvimento seriam maiores.

O novo modelo pedagógico: A hora da verdade

De posse de todo este conhecimento fresco e martelando na cabeça, havia chegado a hora de transformá-lo em um modelo pedagógico aplicável, simples de ser gerenciado e eficaz no desenvolvimento dos três grupos de competências: técnicas, comportamentais e gerenciais.

O primeiro e mais fácil a ser revisado foi o grupo de competências técnicas. Seguem abaixo as decisões tomadas em relação à grade curricular e às questões ligadas aos programas de disciplina, que na ESAMC são unificados nacionalmente e atualizados a cada semestre pelos coordenadores de área:

- Eixos de conhecimento: como esta lógica de desenvolvimento de grade curricular já era a nossa prática, bastou repassar todos os eixos de conhecimento, disciplina a disciplina, e checar se havia alguma lacuna em algum grupo de competências técnicas relevantes.
- Disciplinas de Língua portuguesa: aqui foi tomada uma decisão importante. Todos que trabalham no ensino superior sabem e sentem na pele que as deficiências em língua portuguesa, oriundas do ensino médio, são cada vez maiores. Até então, nós, bem como a maioria das escolas de ensino superior, nos recusávamos a colocar em nossas grades disciplinas para "corrigir" esse desvio. Entretanto, fiéis ao princípio de que iríamos desenvolver todas as competências técnicas valorizadas pelo mercado, adicionamos, em todos os nossos cursos, duas disciplinas de língua portuguesa, nos 1º e 2º semestres.
- Disciplina de Lógica: cientes da importância desse raciocínio para o processo de tomada de decisão e devido ao seu enorme peso na pesquisa, a decisão aqui também foi a de adicionar à grade dos cursos a disciplina de "Lógica", como ênfase na lógica matemática.
- Preparação prévia: quem passar hoje pelos corredores das unidades da ESAMC ouvirá várias vezes a frase: – *Você já fez a sua PP?* Esta é a famosa (e temida) "Preparação prévia", atividades previstas em 100% das disciplinas do curso, onde o aluno deve se preparar previamente para todas as aulas. Os objetivos aqui foram dois:
    1 – Aumentar o nível de comprometimento e corresponsabilidade do aluno no processo ensino-aprendizagem.

2 – Criar condições para que a discussão em sala de aula vá a nível mais profundo.

As atividades de preparação prévia foram desenvolvidas para todas as disciplinas, em todos os seus módulos, e valem 20% da nota.

- Atividades complementares: visando "passar a mensagem" de que o aprendizado também deve se dar fora da sala de aula e até mesmo fora da escola, 60 horas-aula foram adicionadas a todos os cursos da ESAMC na forma de atividades complementares. Há um regulamento que descreve as regras e as atividades válidas para contabilização. São participações em projetos sociais, palestras, empresas juniores da ESAMC etc.

- Disciplinas eletivas: reforçando a ideia anterior, buscando desenvolver a "visão global" e, parafraseando alguns dos líderes empresariais, "ampliando a fronteira do conhecimento", foi adicionada ao projeto pedagógico uma carga horária de disciplinas eletivas, em que o aluno deve "visitar" outros cursos da ESAMC e aprender um pouco sobre outras áreas do conhecimento. Hoje, é comum ver em uma turma de Direito Trabalhista 1 alunos de Administração, ou, em uma turma de Desenho, alunos de Propaganda e Marketing. Esta ferramenta foi "vendida" aos alunos de uma forma tão eficaz e motivadora que virou marca registrada na ESAMC.

Com as ferramentas acima, conseguimos dar outra cara para a nossa grade e para a parte do projeto que desenvolve as competências técnicas valorizadas pelo mercado.

O mais desafiante, obviamente, foi desenhar o "pacote" para o desenvolvimento das 16 competências não técnicas, sendo 7 competências comportamentais e 9 competências gerenciais já listadas anteriormente. Entretanto, como já tínhamos concluído que a "vivência" seria o carro-chefe, decidimos lançar mão de três ferramentas básicas:

- *Workshops* de competências: foi desenvolvido *workshop* de 4 horas para cada uma das 16 competências e essa carga horária foi incluída como obrigatória na integralização curricular. Estes *workshops* são oferecidos aos sábados, ao longo de todo o semestre letivo, e o aluno escolhe quando e quantas vezes quer participar de cada um, desde que, ao final do curso, tenha participado dos 16. Os objetivos de cada *workshop* são:
    1. Apresentar a competência detalhadamente, deixando claro que se trata de uma visão do mercado.
    2. Mostrar a importância da competências em questão para a carreira em cada uma das suas fases.

3. Gerar uma pequena vivência da aplicação da competência, motivando o aluno a buscar as outras ferramentas de desenvolvimento que a ESAMC oferece.

- Programa de *coaching*: essa foi a ferramenta mais ousada desse novo projeto pedagógico. Trata-se de um programa em que o aluno recebe uma orientação individual para o desenvolvimento das 16 competências empresariais, conforme detalhado em um capítulo à parte, escrito pelo Prof. Adriano Novaes.

- Atividades nas disciplinas – sala de aula: esta foi a última fase do processo que culminou nos métodos descritos no Capítulo 4. A lógica aqui foi bem simples. É na sala de aula que o aluno passa 90-95% do tempo conosco. Portanto é lá que precisamos criar as condições para o desenvolvimento dos três grupos de competências. Os *workshops*, o programa de *coaching*, as atividades complementares etc., são importantes, mas não garantem o pleno desenvolvimento das competências. Lembre-se da palavra mágica *vivência*. A partir dessa constatação e convicção, passamos a nos debruçar sobre a sala de aula e o que poderíamos fazer ali para gerar tal vivência efetivamente.

Os novos métodos: a revolução em sala de aula

Depois de três anos de implementação e consolidação do modelo descrito acima, vimos que as três ferramentas usadas para o desenvolvimento das competências comportamentais e gerenciais precisavam ser ampliadas, de forma a gerar mais vivência ainda.

Dessa forma, coroando o nosso longo processo de estudos e pesquisas sobre desenvolvimento de competências em jovens da geração Y, com suas características bem apresentadas no Capítulo 1, surgiu a ideia de se fazer uma revolução nos métodos de ensino da ESAMC.

Os novos métodos foram o "golpe de misericórdia". Foi a última peça do quebra-cabeças deste novo e inovador modelo pedagógico, que teve como filosofia, desde o início, a busca incessante de ferramentas que ajudassem nossos alunos a ser bem-sucedidos profissionalmente e melhores cidadãos. E isso está bem explicado no Capítulo 1 e detalhado nos capítulos subsequentes.

3 Coaching e o Desenvolvimento de Competências Empresariais

Adriano Novaes

> *"A diferença entre um homem de sucesso e outro orientado para o fracasso é que um está aprendendo a errar, enquanto o outro está procurando aprender com seus próprios erros"* (Confúcio).

O espírito da frase de Confúcio está bem relacionado com o uso do *coach* no ensino superior que visa atender às demandas de competências do mercado de trabalho. É entendendo onde melhorar, através do apoio de outras pessoas, que o aluno pode aprender com seus próprios erros e se transformar em um grande profissional e pessoa capaz de mudar o mundo.

Gandhi já falava que a primeira mudança que temos de fazer é em nós mesmos. E é através dos anos que compreendem o período de graduação na ESAMC, e, sobretudo através da ferramenta de *coach*, que tenho tido o privilégio de observar essas transformações acontecendo na vida de nossos *coachees*.

Tais transformações me remetem à história do Bambu Chinês, já muito bem difundida em nossa sociedade, quer seja no meio empresarial, educacional ou religioso, para ilustrar o desenvolvimento pleno das potencialidades humanas. Esta é a história: depois de plantada a semente do bambu, não se vê nada por aproximadamente cinco anos, exceto um lento desabrochar de um diminuto broto a partir do bulbo. Durante cinco anos, todo o crescimento é subterrâneo, invisível a olho nu, mas uma maciça e fibrosa estrutura de raiz que se estende vertical e horizontalmente pela terra está sendo construída. Ao final do quinto ano, o bambu chinês cresce até atingir a altura de vinte e cinco metros.

Muitas coisas na vida pessoal e profissional são iguais ao bambu chinês. A pessoa trabalha, investe tempo, esforço, faz tudo o que pode para nutrir seu crescimento, e por vezes não vê nada por semanas, meses ou anos. Mas, se tiver paciência para continuar trabalhando e persistindo, o seu quinto ano chegará e com ele virão crescimento e mudanças que a pessoa jamais esperava acontecer em sua vida pessoal e profissional.

O bambu chinês nos ensina que não devemos desistir facilmente de nossos projetos e de nossos sonhos. A persistência e a paciência são fatores essenciais para alcançá-los, e é preciso muita fibra para se chegar às alturas e, ao mesmo tempo, muita flexibilidade para, em alguns momentos, se curvar ao chão.

Especialmente nossa carreira profissional muitas vezes apresenta-se como um grande projeto, mas que necessariamente envolve mudanças de comportamento, de pensamento, de cultura, além de um profundo amadurecimento e conhecimento de nossas próprias habilidades e limitações. Só munidos dessas premissas e conscientes dessas capacidades é que não iremos desistir facilmente diante das dificuldades que surgirão ao longo da empreitada.

Quanto desses conhecimentos é trabalhado com os alunos em sua vida acadêmica? Ou, em que medida os instrumentos pedagógicos disponíveis são capazes de aliar desenvolvimento técnico a um pleno desenvolvimento da estrutura comportamental necessária para se enfrentar as intempéries do mundo profissional? Ainda, quanto da postura pessoal e características próprias de personalidade irão render de vantagem ou desvantagem ao aluno que está iniciando sua carreira? E por fim, a pergunta que nos colocou a caminho desse projeto: Como podemos ajudar nossos alunos a identificar esses fatores?

Temas como flexibilidade, persistência, envolvimento, compromisso, entre outros, tornaram-se um chavão no discurso das melhores práticas que prometem o sucesso profissional das pessoas e até sua autorrealização. Mas o que efetivamente ainda é pouco discutido é como e quanto o ambiente acadêmico pode contribuir para aprimorar essas habilidades em seus alunos.

Já cansamos de ouvir que a escola não consegue atuar como única formadora de caráter do indivíduo, que a escola não consegue suprir o que a educação familiar deve plantar, que a escola não consegue trabalhar todas as dimensões do desenvolvimento cívico do cidadão. Com o que as escolas, em todos os níveis de formação devem começar a se preocupar em dizer: em que e como a escola decidirá atuar para completar o desenvolvimento comportamental dos seus alunos, olhando-os não apenas como os profissionais que irão continuar a promover o crescimento, a evolução e o lucro, mas enxergando-os de forma holística como pessoas que são, com suas diferenças e particularidades.

A ESAMC escolheu adotar um discurso mais pragmático, o que já é bem peculiar da instituição, e se colocar a caminho, entendendo que não se podem desbravar terras férteis e promissoras sem antes sair em plena expedição. Lançamos mão de um projeto ousado e inovador no ambiente acadêmico, que nos tem levado a conhecer e descobrir tesouros impensáveis. Através de uma "expedição" bem planejada e com "instrumentos de navegação", a princípio simples, temos ensinado e aprendido com nossos alunos que a escola pode dar o passo que atravessa a estreita delimitação do ensino técnico, até então atribuído como nossa principal responsabilidade, até a fronteira do desenvolvimento integral do aluno. Através desse projeto, vislumbramos um aprendizado mais coerente com todas as dimensões do ser humano e sua insaciável sede de conhecimento e desenvolvimento.

Ao compartilhar nossa pequena experiência acumulada nesses anos de trajetória da prática do *coach* na vida acadêmica, é que esperamos contribuir para que novos exploradores se encorajem e junto conosco possam desbravar o universo sem fronteiras da educação.

Adotamos como marco zero as inúmeras discussões sobre os impactos das transformações do mundo do trabalho e como isso deve se refletir na educação. As polêmicas relativas ao que o mercado de trabalho exige da educação superior e o que a educação superior oferece ao mercado de trabalho apontam diferentes vertentes de análise e vários movimentos que buscam afinar o discurso e a prática.

Diante da necessidade de se oferecer um ensino capaz de atender às expectativas do mercado de trabalho em relação aos futuros profissionais é que a ESAMC, diante do resultado da pesquisa conduzida com renomados profissionais da área, já relatada no Capítulo 2, incorporou novas ferramentas direcionadas ao desenvolvimento de competências comportamentais e gerenciais, além das competências técnicas que constituem a base dos programas educacionais (conteúdos disciplinares).

A estrutura de desenvolvimento de competências construída pela ESAMC adotou o conjunto metodológico resumidamente exposto a seguir.

COMPETÊNCIAS TÉCNICAS
Disciplinas presenciais com suporte a distância.

COMPETÊNCIAS GERENCIAIS
Disciplinas presenciais, *workshops* específicos e *coaching* individual.

COMPETÊNCIAS COMPORTAMENTAIS
Workshops específicos e *coaching* individual.

} PROFISSIONAL HABILITADO PARA O MERCADO DE TRABALHO

A compreensão de que o aluno de graduação geralmente tem uma visão imediatista e que, com isso, dificilmente faz planos de carreira ou pessoais para médio e longo prazo, mostra que, algumas vezes isso o leva à frustração nas fases finais do seu curso de formação. Tal constatação fez com que caminhássemos em busca de uma ferramenta que nos permitisse oferecer aos alunos um acompanhamento de profissionais especializados em gestão de carreiras.

Nosso objetivo, desde o início, foi o de fazer com que o jovem estudante percebesse a importância de manter um projeto profissional, para ser bem-sucedido no mercado de trabalho.

Procuramos por um programa específico, capaz de auxiliar os alunos no desenvolvimento de suas aptidões e no melhor preparo para as dificuldades do mercado. E aí surgiu o programa de *coaching*.

O *coaching* é a ferramenta de desenvolvimento de competências gerenciais e comportamentais que mais tem sido utilizada pelas empresas na busca de fomentar em seus executivos uma visão de longo prazo de sua carreira, realização pessoal e desenvolvimento de competências que colaborem para o alcance das suas metas. A ESAMC logo entendeu que essa ferramenta poderia e deveria ser também aplicada dentro do ambiente universitário, contribuindo, assim, para uma congruência entre o aprendizado técnico e o desenvolvimento de uma visão mais completa e sistêmica sobre os caminhos e metas que o aluno deve propor a si mesmo, para atingir suas expectativas de realização profissional e ainda atender às demandas do mercado de trabalho.

Mas, afinal, o que é *coach*? O termo, proveniente do inglês, tem origem no mundo dos esportes e designa o papel de treinador, professor, preparador, "o técnico" como conhecemos. Na ESAMC, o *coach* não é um mentor ou conselheiro, mas sim um profissional que dará suporte para que o aluno seja capaz de atingir suas metas. Sendo assim, não deve ter seu papel confundido com aquele desenvolvido por um professor, mentor ou mesmo um guru que, em geral, têm ligação mais próxima com o indivíduo, podendo auxiliar em seu desenvolvimento através de conselhos e orientações em um contexto geral. É um relacionamento no qual uma pessoa se compromete a apoiar outra, para atingir um determinado resultado, seja ele o de adquirir competências e/ou produzir uma mudança específica. Isso implica um compromisso com a pessoa como um todo, seu desenvolvimento e sua realização, pois através do processo de *coaching* novas competências surgem para todos os envolvidos no processo. Por isso, *coaching é mais do que treinamento*. É dar poder para que o indivíduo produza, para que suas intenções se transformem em ações que, por sua vez, se traduzam em resultados previamente estabelecidos em um projeto profissional para ser bem-sucedido no mercado de trabalho.

O processo do *coaching* dentro da universidade busca desenvolver ações que favoreçam as estratégias pessoais de cada aluno, a identificação de competências que mereçam ser mais trabalhadas e aprimoradas e que conduzam a uma reflexão mais profunda sobre comportamento. Tais premissas norteiam o trabalho no desenvolvimento dos comportamentos mais adequados e também são capazes de atender às necessidades do mercado, oferecendo um egresso mais bem preparado, mais consciente de suas capacidades e limitações, mais focado e direcionado a resultados, além de mais disposto a atuar no cenário competitivo.

O *coaching* universitário na prática

Para situar o processo de *coaching* no cotidiano da escola e de sua comunidade acadêmica, num primeiro instante, agregamos a ferramenta de *coaching* em uma disciplina extracurricular, capacitando uma equipe multidisciplinar de docentes para atuar como *coaches* junto aos discentes, permitindo a experimentação de suas técnicas com o fim de validar o modelo de *coaching* proposto.

Estudos sobre ser humano levam à constatação de que somente uma visão interdisciplinar pode conduzir a resultados mais satisfatórios, afastando o risco de visão parcial, fragmentada e reducionista. Dessa forma, a implementação do *coach* se inter-relaciona com as aulas presenciais e trabalhos não acadêmicos, como o estágio em empresas.

O aluno encontra no *site* da ESAMC o "caderno do aluno", a definição e os atributos de cada competência, além de uma ficha para coleta de *feedback* que será desenvolvida sob a orientação do seu *coach* e segundo as definições do processo de *coaching*. A ficha contém duas planilhas referenciais de *feedback* que nortearam todos os passos que o aluno deverá seguir para adequar expectativas pessoais, planejamento pessoal e expectativas do mercado.

Diversas atividades compõem as etapas do programa:

a) *workshops* de competências: têm o propósito de detalhar cada uma das competências a serem trabalhadas, definindo-as, caracterizando-as quanto aos seus atributos, formas de desenvolvimento e avaliação. São 16 eventos obrigatórios ao longo do programa. O participante deverá ter 100% de frequência, computada como carga horária no seu curso de graduação;

b) atividades pedagógicas: o discente deverá perceber que as várias atividades, regras e metodologias aplicadas nas disciplinas cursadas terão como objetivo proporcionar uma vivência prática de situações, nas quais algumas competências podem ser verificadas e desenvolvidas;

c) programa de *coaching* individual: são promovidas duas reuniões por semestre, sob a orientação de um professor da ESAMC, para que o discente consiga analisar, individualmente, de forma mais eficaz, os *feedbacks* recebidos e montar seu plano de desenvolvimento.

Algumas prerrogativas do processo de *coaching* foram adotadas na ESAMC e devem ser destacadas. A primeira delas é baseada em *estabelecer a confiança* entre o aluno e o *coach*, pois juntos passarão por momentos de conquistas e, outras vezes, também de frustrações. Para isso é necessário cumplicidade e confiança.

É imprescindível, portanto, criar um espaço onde a busca de um melhor padrão de desempenho perseguido pelo aluno não se transforme em cobranças, culpas, complexos ou acusações. O *feedback* constante entre *coach* e *coachee* deve facilitar a compreensão mútua dos próprios valores. A troca de experiências entre ambos serve como alavanca para o crescimento.

Ainda como parte da metodologia do programa, são utilizados formulários eletrônicos e planilha de dados para a coleta da autoavaliação de competências comportamentais e das competências gerenciais desenvolvida pelo discente. O *coach* incentiva o aluno a fazer uma autoavaliação e a compreender que o *feedback* é a experiência que irá proporcionar uma análise e visão mais crítica e apurada de todas as situações que envolvem seu desenvolvimento pessoal, sob novas perspectivas. Através dos *feedbacks*, o aluno amplia sua consciência e fortalece sua autoestima.

A segunda prerrogativa é a que diz respeito à *visão de futuro* do aluno. O *coach* estimula o aluno a sonhar, mantendo, ao mesmo tempo, integridade consigo mesmo. Mais: estimula-o na identificação dos seus valores essenciais, incentivando-o a expressá-los e a desenvolver uma postura pessoal íntegra. A "ficha de autoavaliação" é o instrumento utilizado nessa etapa do programa de *coaching*.

A terceira prerrogativa refere-se à *análise da trajetória* de realização profissional de ambos – *coach* e *coachee*, apontando as dificuldades que precisam superar. É extremamente importante que o *coach* e o aluno conheçam bem, um do outro, a trajetória de realização, as atitudes, valores, padrões de comportamento e os principais sucessos e fracassos. Conhecendo o aluno, o *coach* poderá ajudá-lo a identificar o *gap* entre a visão de futuro dele e a sua situação e competências atuais. E, conhecendo o *coach*, o aluno saberá usar melhor a sua experiência, sua bagagem e referências.

A análise da trajetória não deve transformar o passado numa plataforma para a visão de futuro, pois isso limitaria um a ser uma extensão do outro. Para isso, o aluno, apoiado pelo *coach*, escolhe outros cinco avaliadores que participam da sua vida, seja profissional, escolar ou familiar, tecnicamente qualificados, para, através de um formulário denominado *Ficha de Inscrição de Avaliadores,* darem também um *feedback* sobre o posicionamento dele face às competências que estejam sendo trabalhadas. Essa análise serve para identificar pontos fortes e fracos do *coachee* que possam influir no desempenho futuro e que devem ser considerados no plano de ação.

A quarta e última prerrogativa diz respeito ao *plano de ação*, que é um acordo entre os dois (*coach* e *coachee*) para que a intenção se transforme em resultados. Dessa forma, mais do que ensinar, o processo de *coaching* ajuda a fazer enxergar que, dentro do ambiente acadêmico, fornece orientação com base na análise dos relatórios (autoavaliação e cinco avaliadores), construindo em conjunto com o aluno uma série de alternativas para buscar suas transformações. Podemos citar como exemplos algumas ações propostas pelo *coach* de acordo com as competências a serem trabalhadas: ver um filme que ilustra a situação vivida ou gera reflexão mais aprofundada, ler um livro com a biografia de grandes líderes que passaram por experiências similares, mudar determina postura no seu ambiente de trabalho ou em sala de aula, entre outras. Depois do plano montado, na reunião seguinte *coach* e *coachee* reavaliarão a eficácia dessas ações na transformação do aluno.

Conclusões

Entendo que a educação deve ser prolongada durante toda a vida, não se limitando apenas aos muros da escola. O importante não é saber que caminhos o indivíduo seguiu, mas o que ele aprendeu e adquiriu. A educação tem a finalidade de formar os jovens não num determinado ofício, mas oferecer recursos para que eles possam adaptar-se às diferentes tarefas, tendo um aperfeiçoamento contínuo, na medida em que evoluem as formas de produção e as condições de trabalho.

Concluímos, portanto, que o *coach* torna-se uma peça fundamental para atender às expectativas do mercado de trabalho quanto ao perfil dos discentes e que esses são apoiados a liberar o seu potencial e maximizar o seu desempenho através dessa ferramenta. Temos que as escolas de ensino superior, ao utilizarem tal ferramenta, poderão propor a inclusão de profissionais mais atuantes no mercado de trabalho e ainda permitir uma maior interação e aproximação do mercado com os agentes das escolas, trabalhando em conjunto no desenvolvimento de habilidades e competências dos formandos num perfil alinhado à realidade das organizações.

Nossa experiência, já acumulada nesses anos de atuação do programa, revela claramente uma maior maturidade, compreensão de si mesmo, definição de metas e objetivos profissionais e melhor direcionamento na inserção no mercado de trabalho dentre os alunos que aderiram ao programa de *coaching*. Ainda, nos sentimos impelidos a partilhar o quanto essa iniciativa nos permitiu vislumbrar uma segura possibilidade de adequar as práticas da educação com as expectativas do mercado, questão esta sempre presente em discussões polêmicas sobre a eficácia dos programas educacionais das escolas de ensino superior.

A inovação propriamente dita não tem nenhum sentido sem a audácia de concretizá-la. Acreditar nas inúmeras possibilidades no campo educacional não exploradas e, ainda, em se romper com modelos arraigados de crenças em papéis estabelecidos de educador e educando torna-se necessário para o avançar no estabelecimento de novas práticas, novos parâmetros de relacionamento entre aluno e professor, aluno e escola, escola e mercado. A ESAMC acredita que é possível, e, na verdade imprescindível, que a educação utilize as inúmeras ferramentas que são oriundas da própria academia, mas que por vezes são apenas "exportadas" como práticas incapazes de se adequarem aos modelos educacionais já estabelecidos.

Caminhamos na premissa de derrubar mitos, aprender sempre e acreditar que somos capazes de fazer mais e melhor todos os dias.

4 Métodos

4.1 Métodos com dramatização – Desenvolvimento de conceitos

4.1.1 Confecção de jingles ou músicas

Caio Ravaglia

Overview do método

O método de aprendizagem denominado Criação de Música consiste na delimitação de conteúdo a ser abordado com análise dos conceitos que serão utilizados. Após a conceituação, sugere-se a elaboração de uma planilha com os termos técnicos, respectivos conceitos e propriedades, a fim de facilitar a visualização do material disponível. Em seguida, são escritas frases com a descrição sintetizada dos termos em estudo, com o fim de se compor a letra da música, dando preferência para a formação de rimas e, se possível, padronização do tamanho das frases.

Finalmente, solicita-se aos alunos (um ou mais) a criação da melodia.

Situações de aplicação do método

A Criação de Música não se destina a estudos de grande abrangência de conteúdo e é necessário que o professor ou pelo menos um aluno saiba manejar um instrumento.

O ideal é que sejam abordados dois ou três grupos de conhecimento jurídico, cada um dividido em até cinco desdobramentos.

Competências desenvolvidas pelo método

TÉCNICAS
- Tema trabalhado no método.
- Capacidade de síntese.

COMPORTAMENTAIS
- Comprometimento.
- Relacionamento interpessoal.
- Consciência e diversidade cultural.
- Flexibilidade.

GERENCIAIS
- Trabalho em equipe.
- Gerenciamento e entrega.

Tempo de aplicação do método

Em algumas turmas foi possível produzir uma música em 100 minutos de atividades.

Tamanho das turmas para aplicação do método

Não há restrições para a aplicação do método. O método deve ser utilizado preferencialmente em equipes.

Recursos necessários

O método é de fácil aplicação para a produção da letra da música, sendo necessários os livros com os conteúdos a serem estudados/pesquisados. Quanto à música propriamente dita (melodia), é preferível que o professor ou algum(ns) aluno(os) maneje(m) algum instrumento. Pode-se também solicitar para outro professor elaborar a música, caso necessário.

Detalhamento do método

A primeira fase de elaboração da música consiste em estipular qual conteúdo será abordado. Considerando-se que músicas não costumam ser muito extensas pela sua própria natureza, sugere-se a delimitação de três grupos de conhecimento jurídico principais com os respectivos desdobramentos que podem chegar até dez, no total.

Após a delimitação da matéria a ser estudada, os alunos devem pesquisar os conceitos de toda a terminologia envolvida e montar uma planilha com os termos estudados e os respectivos conceitos/conteúdos.

Montada a planilha, parte-se para a criatividade de elaboração da letra da música propriamente dita, escrevendo-se frases com os termos e os respectivos conteúdos, promovendo, sempre que possível, a comparação e a analogia.

A etapa final consiste na musicalização da letra, que poderá ser feita por aluno(s), pelo professor ou outro professor, caso necessário.

Fatores críticos de sucesso do método

O professor precisa acompanhar os grupos de perto para exigir a participação de todos os alunos. Nos trabalhos em grupo é comum alguns alunos "se encostarem" nos outros.

Os livros a serem pesquisados devem estar disponíveis no momento do início da atividade. Deve-se fazer uma checagem prévia na biblioteca ou determinar quem trará quais livros.

O ideal é que pelo menos um aluno tenha aptidão com instrumento musical ou, ainda, o professor. Se necessário, pode-se pedir a participação de outro professor que saiba tocar algum instrumento.

Exemplo

Prescrição e decadência

Melodia (Preta Pretinha – Os Novos Baianos)

Refrão:

Quem acha que PRESCRIÇÃO é DECADÊNCIA,

Não é não,

Não é não.

1) Na PRESCRIÇÃO,

É aplicável,

O duzentos e cinco,

E duzentos e seis.

2) A DECADÊNCIA,
é muito extensa,
pois é todo o restante,
do código civil.
3) PRESCRIÇÃO é extinção,
da pretensão,
da DECADÊNCIA não.
4) A PRESCRIÇÃO resulta da lei,
já a DECADÊNCIA,
do contrato também.
5) A DECADÊNCIA,
extingue o direito,
e na PRESCRIÇÃO,
tem a suspensão.
PRESCRIÇÃO e DECADÊNCIA,
Pro aluno aprender,
Viva o DIREITO CIVIL,
O mais belo Brasil.

4.1.2 Improvisar é a regra

Sylvia Helena Furegatti

Overview do método

O método consiste na adaptação dos conhecidos *shows* televisivos criados na Inglaterra, da década de 1980, que tomaram o cenário internacional ao longo dos anos seguintes por meio de jogos de improvisação de formato enxuto. Registrados em vídeo, passam a ser disponibilizados, principalmente, pela Internet e contagiam os teatros, *talk shows*, escolas, comunidades.

Intitulados de: *Whose line is it anyway?*, esses jogos são uma improvisação de comédia na qual seus atores criam cenas rápidas com personagens, ambientes, sequência de ideias originadas por estímulos sugeridos ao vivo pela audiência ou por propositores previamente escolhidos que dirigem a ação provocando, sempre que possível, a controvérsia que gera o humor e mede o grau de improviso e a rapidez de resposta dos *performers*. Adaptado a uma situação metodológica para o trabalho em sala de aula, ganha novo título: Improvisar é a regra. Busca promover situações de entrosamento, extroversão, rapidez de pensamento e improvisação nos mais variados cursos e disciplinas da ESAMC.

Situações de aplicação

Especialmente indicado para situações nas quais se deseja a compreensão de conceitos teóricos por meio da participação maciça da turma. A vivência nesse jogo de improviso colabora com a apreensão de respostas sobre certo estado de tensão dado pela rapidez da resposta. Contudo, não se firma na abordagem introspectiva e sim na espontaneidade e inteligência necessárias à improvisação.

Competências desenvolvidas pelo método

O método permite o desenvolvimento de uma ampla gama de competências. Dentre elas, destacam-se:

TÉCNICAS
- Raciocínio analítico.
- Raciocínio crítico.
- Raciocínio qualitativo e de expressão.
- Criatividade e inovação.

COMPORTAMENTAIS
- Relacionamento interpessoal.
- Consciência e diversidade intercultural.
- Flexibilidade.

GERENCIAIS
- Pensamento estratégico e visão global do problema.
- Processo de tomada de decisão.
- Liderança.
- Trabalho em equipe.

Tempo de aplicação do método

A sugestão para sua melhor implantação é a de um período de tempo entre um terço e metade de uma aula.

Tamanho mínimo e máximo de turma para aplicação

Não há limites para a aplicação do método. O método deve ser utilizado em equipes nas quais se elegem os seus atores, divididos entre: *performers*, proponentes das linhas de raciocínio e a audiência geral.

Recursos necessários

Além dos equipamentos usualmente disponíveis em sala, os recursos necessários para esse método variam em acordo com o tema/problema proposto. A dinâmica sugere o uso de objetos cotidianos, vestimentas e fantasias, produtos de mercado, trechos de filme, recortes de jornal etc.

Detalhamento do método

1ª Etapa – Seleção do(s) Módulo(s) da Disciplina no(s) qual(is) será aplicado o Método.
2ª Etapa | AULA 1
− Lançamento do Método e explicação de suas finalidades para os alunos considerando o seu acordo com o Módulo. O professor pode sugerir alguns endereços de *site* que contemplem esse tipo de apresentação para que os alunos conheçam, com antecedência, a dinâmica aplicada nesse jogo.

- Divisão prévia da sala em 3 grupos que serão denominados no início da aula seguinte dentre os seguintes papéis: Grupo 1 – *performers,* Grupo 2 – proponentes e Grupo 3 – audiência geral (veja explicações detalhadas).

- O professor faz um breve anúncio sobre o tema/problema que será trabalhado pela disciplina na próxima aula.

3ª Etapa | AULA 2

- O professor apresenta os conceitos da aula/módulo (30 min).

- O professor organiza a sala selecionando os primeiros alunos que atuarão como *performers* (3 ou 4 alunos durante 7 min), os alunos que serão os proponentes (2 alunos a cada 7 min) e a audiência (formada pelo restante dos presentes na sala). Explica os papéis a todos, ressaltando, em especial, o papel da audiência para as conclusões da aula.

- Estabelecidos os papéis dos primeiros 2 alunos proponentes e 4 *performers*, o professor avisa a turma sobre a questão do tempo: 7 minutos para ação e reação daquele primeiro grupo.

- O professor inicia a ação lançando um primeiro estímulo (na forma de pergunta, frase incompleta, trechos de vídeo etc.) e os *performers* respondem a esse estímulo procurando construir uma cena teatralizada sobre o assunto, ora de ordem romântica que, bruscamente, mediante novo estímulo, passa a ser dramática, depois torna-se uma comédia etc. O *input* dos proponentes é que muda o tom do texto e cenário dos *performers*. Assim, os proponentes intervêm, dentro desse tempo enxuto, quantas vezes quiserem, reorientando a ordem da cena de forma que os *performers* corrijam o ritmo da estória de acordo com cada novo estímulo dado. Finalizados os 7 minutos desse grupo, um novo grupo de participantes ocupa a cena até próximo do final da aula.

- O jogo se efetiva com o máximo de descontração entre os alunos de modo supervisionado pelo professor.

- Nos últimos 15 minutos da aula o professor finaliza as apresentações e retoma os principais pontos percebidos no desempenho geral dos diferentes atores do jogo, ressaltando os aspectos positivos (inovadores, inteligentes) e negativos (caricatos, política e ou eticamente incorretos, conceitualmente frágeis etc.) de aprendizado obtidos. Nesse momento, solicita também a ajuda da plateia para conferir tais abordagens percebidas.

Contextualização do Método nas Disciplinas ESAMC

Buscando trabalhar a diversidade de métodos, a implantação de novidades, a discussão sobre os variados caminhos que podem resultar de uma única ideia/serviço/produto, o professor da disciplina localiza um tema dentro do(s) Módulo(s) para aplicar o jogo. Para motivar o grupo, apresenta brevemente em um primeiro momento o contexto geral do Método convocando, nesse mesmo dia, os alunos a trazer objetos cotidianos, produtos, de mercado, frases sintéticas sobre artigos e capítulos lidos para o Módulo, fantasias etc., para a aula seguinte, quando será aplicado o jogo.

Após a apresentação formal dos conceitos do Módulo, tal qual descrito no programa da Disciplina, adequada para um período de exposição enxuto (30 min), o professor organiza a sala nos grupos previamente divididos e por sorteio indica aqueles que serão os proponentes, os *performers* e a audiência.

Quem são os proponentes? Pode ser o professor + um aluno sorteado a cada 7 minutos ou 2 alunos diferentes, sorteados a cada 7 minutos durante o desenvolvimento do método. Há, nesse ponto, pelo menos 2 caminhos a adotar:

1. O professor assume, ele próprio, o papel de proponente e elabora uma seleção prévia de trechos de filme ou vídeos que servem de estímulos iniciais para o teatro de improviso a ser executado pelos *performers* e convida um aluno para colaborar nesse caminho.

2. Diferentes alunos, sorteados a cada 7 minutos, assumem o papel de proponente e estimulam a atuação dos *performers* por meio de curtos enredos de estórias que partem do módulo estudado nos minutos iniciais da aula. Especulam o início de uma fala, comportamento, estória sobre um produto, serviço, conceito, lançam uma pergunta ou desafio teatral ao qual devem reagir os *performers*.

Quem são os *performers*? São os alunos da turma. Desempenham papel de atores para responder de modo teatral aos estímulos recebidos.

Quem é a audiência? É formada por parte substancial da sala. Pode ser convocada a mudar de papel atuando como *performer* ou provocador. Atua de modo mais presente no final da aula.

Exemplos de situações que o Método pode explorar:

- **O aluno proponente lança uma pergunta:**

    A – Quais seriam as consequências do mau uso das redes sociais no trabalho?

    B – Como fazer para analisar a criatividade artística de cores de uma pintura que sofreu restauro mal feito?

    C – Como melhorar a reputação da empresa depois do anúncio de vazamento de produtos químicos no principal rio que serve à cidade?

    D – Como apresentar ao público idoso os usos prováveis de um novo e excêntrico produto de *design*?

E – A propriedade da norma culta da Língua Portuguesa aplicada ao cotidiano/campanha publicitária/artigo de revista é mais bem vista no Brasil ou fora dele?

- **O aluno proponente inicia uma frase que deve ser continuada teatralmente pelo *performer*, como por exemplo:**

    F – O cliente chegou e disse ao *designer* gráfico: "Essa capa de livro não comunica o seu conteúdo porque...".

    G – O diretor da empresa surpreendeu a todos reformulando um gráfico dos Quatro Ps que, a partir de agora, naquela empresa passam a significar....

    H – Muito se fala sobre a atualidade das antigas Teorias Políticas no mundo atual. Bom exemplo disso pode ser percebido no....

O *performer* responde de modo dramático, romântico, zangado, caricato etc. sua percepção do problema. Mal nos acostumamos com sua primeira reação, o novo estímulo muda o rumo da estória.

Ao final, nos últimos 15 minutos da aula, o professor promove uma breve reflexão sobre os principais pontos conceituais explorados naquela prática, os aspectos caricatos, aqueles mais estimulados, as situações de respostas improvisadas ou mais bem calculadas pelos *performers*.

Fatores críticos de sucesso do método

Para que o método cumpra seus objetivos de forma eficaz, o professor deve garantir:

- Ampla divulgação do contexto do método, bem como seu cronograma de execução.
- Que os estímulos sejam materializados em objetos variados e/ou frases/ideias pertinentes ao tema principal do módulo.
- O controle cuidadoso do tempo de cada etapa para que o processo inteiro seja finalizado.
- A atenção dos alunos para os papéis assumidos durante o jogo.
- Que o método não seja repetido em exaustão ao longo da disciplina, mas sim possibilite a opção por um ponto do semestre no qual o professor já percebe algum cansaço ou desgaste natural na atenção dos alunos.
- Que seja feito o resgate dos pontos técnicos, comportamentais e gerenciais presentes no jogo no tempo final dedicado a essa etapa.

- Que impere o bom humor com o devido cuidado para o respeito de cada aluno, da instituição e do professor.

Alguns exemplos de *Web sites* que apresentam o *Whose line is it anyway*?

Verifiquem as variações possíveis desse jogo disponibilizadas no You Tube:

- *Newsflash – Lizards*. Disponível em: <http://www.youtube.com/watch?v=_swmkuwb_hc&feature=related>.
- *Scenes from a hat 6*. Disponível em: <http://www.youtube.com/watch?v=zQrIYngthbU&feature=related>.
- *Whoopi Goldberg Director*. Disponível em: <http://www.youtube.com/watch?v=5YkR5byDw2w>.
- Grupo "Os improváveis". Disponível em: <http://www.improvavel.com.br/videos_playlist.php>.

4.2 Métodos com dramatização – Aplicação de conceitos

4.2.1 Telejornal

Adriano Pedro Bom

Overview do método

Os alunos devem realizar a apresentação de um telejornal abordando a aplicação dos temas conceituais estudados. Ao desenvolver os roteiros de entrevistas, acabarão por refletir sobre as diversas formas de utilização dos conceitos em ambiente real. Trata-se de uma atividade que promove grande interação dos participantes, torna muito dinâmica a aula, e, ao mesmo tempo, permite verificar se, de fato, os alunos compreenderam os conceitos que foram estudados.

Situações de aplicação

Especialmente indicado para conteúdos em que se deseja que os alunos percebam as situações de aplicações práticas de conceitos, de forma lúdica e dinâmica.

Competências desenvolvidas pelo método

Muitas competências poderão ser desenvolvidas a partir desse método, segundo o tema conceitual a ser abordado. Em todos os casos, ao final das atividades, o aluno terá exercitado ao menos as seguintes competências:

TÉCNICAS
- Raciocínio analítico.
- Raciocínio crítico.
- Capacidade de síntese.
- Comunicação e expressão.

COMPORTAMENTAIS
- Flexibilidade.

GERENCIAIS
- Trabalho em equipe.
- Gerenciamento e entrega.

Tempo de aplicação do método

Esse tempo varia conforme o número de turmas a apresentarem o telejornal. O tempo de preparação do roteiro do noticiário pode ser de 10 minutos. Cada turma deve levar cerca de 5 a 10 minutos apresentando seu noticiário, e então se deve considerar ao menos mais 5 a 10 minutos para reflexão sobre a apresentação com a turma. Dessa forma, para cada grupo tem-se um tempo de aplicação de 10 a 20 minutos, conforme disponibilidade de tempo, complexidade do tema etc.

Tamanho mínimo e máximo de turma para aplicação

Não há limites de tamanho de turma para a aplicação do método, mas deve-se considerar a limitação de tempo da aula. O método deve ser utilizado em equipes de pelo menos quatro pessoas (um apresentador, um repórter e pelo menos dois entrevistados).

Recursos necessários

Não há necessidade de recursos especiais. Entretanto, deve-se levar em conta que, ao final do processo, os conceitos deverão ser comentados com a classe para alinhamento. Os recursos para essa etapa ficam a critério do docente.

Detalhamento do método

Como se aplica o método?

1. O professor deve dividir a classe em grupos de 4 a 6 alunos.
2. Cada grupo deverá eleger um apresentador, um repórter e entrevistados.
3. Os grupos terão então 10 minutos para elaborar roteiros de noticiários sobre os conceitos que o docente apresentar. Esse tempo pode ser estendido para 15 minutos se o tema for muito complexo. Não se deve extrapolar esse tempo porque há tendência à dispersão.
4. O roteiro a ser desenvolvido pelos alunos deve considerar que o apresentador do noticiário irá introduzir o tema geral da notícia (explicando do que se trata a matéria a ser apresentada), e fará chamadas dos repórteres que estarão "nas ruas" entrevistando pessoas a respeito do assunto em pauta. Assim como em um telejornal, ao final da entrevista, o repórter retorna a palavra ao apresentador. Esse processo segue até o final das entrevistas e fechamento do noticiário.

5. Após a apresentação do noticiário, segue uma reflexão sobre os temas abordados. O professor deve estimular os alunos a comentarem o que presenciaram e a demonstrarem sua visão crítica. Nesse momento, o foco é estimular a participação dos alunos. Entretanto, se houver um erro na aplicação dos conceitos, o professor deve nesse momento esclarecer o ponto em questão.
6. Encerradas as participações de todos os grupos, o professor deve realizar um fechamento comentando os pontos que mais chamaram a atenção.

Fatores críticos de sucesso do método

- No momento de elaboração dos roteiros, os alunos podem se dispersar. Como o tempo para a preparação do roteiro é curto (10 a 15 minutos), é fundamental que o professor supervisione os grupos e os mantenha com foco no trabalho. Isso é mais importante ainda em turmas dos semestres iniciais da graduação. Quanto mais amadurecida a turma, menor a dificuldade nesse particular.
- Todos os alunos do grupo devem participar.
- Alguns alunos podem se sentir pouco à vontade em realizar apresentações. Entendemos que esse método visa também estimular a comunicação e expressão, necessários à vida profissional. Caso o professor detecte algum caso de aluno com essa dificuldade, pode sugerir que ele utilize um roteiro escrito para auxílio na apresentação.
- É fundamental a reflexão após as apresentações. Isso inclui a participação do professor enfatizando ou corrigindo as abordagens conceituais realizadas.

4.2.2 Grupo de observação e de verbalização (GO – GV)

Carolina Lourenço Defilippi Gonçalves

Overview do método

Esse método consiste em dividir os alunos em dois grupos, atribuindo ao primeiro, chamado de observação, a análise crítica da dinâmica de trabalho, seguido pelo segundo grupo, chamado de verbalização. Os dois grupos ficam dispostos em círculos, sendo o círculo interno o de verbalização e o externo, de observação. Assim é possível fazer a análise de um tema importante e o treinamento dos alunos em dinâmica de grupo.

Situações de aplicação

Qualquer assunto em qualquer disciplina em que haja um assunto polêmico a ser discutido ou um problema a ser resolvido.

Competências desenvolvidas pelo método

Este método é muito rico e tem o poder de desenvolver as seguintes competências:

TÉCNICAS

- Ligadas ao tema escolhido para o caso.
- Raciocínio analítico.
- Raciocínio lógico.
- Raciocínio crítico.
- Comunicação e expressão.

COMPORTAMENTAIS

- Equilíbrio emocional para trabalho sob pressão, agilidade e busca de resultados.
- Relacionamento interpessoal.
- Consciência e diversidade intercultural.
- Flexibilidade.

GERENCIAIS

- Liderança estratégica e para alinhamento.

- Gestão de pessoas e conflitos.
- Processo de vendas: apresentações, negociação e persuasão.
- Trabalho em equipe. (**Principal competência trabalhada no método**)
- Processo de tomada de decisão.

Esse método poderá ser utilizado com o objetivo de ensino e aprendizagem. É uma técnica de discussão em grupo que ajuda os participantes a:

a) aprender ouvir os outros elementos do grupo;
b) participar de uma discussão, ainda que não falem;
c) seguir uma discussão, como observadores.

Esse tipo de método pode ser utilizado para:

a) treinar os alunos para trabalhar em grupo;
b) identificar e questionar a participação dos membros de um grupo;
c) forçar a participação direta ou indireta dos elementos do grupo;
d) levar os indivíduos a se exercitar na elaboração de sínteses.

Tempo de aplicação do método

O tempo mínimo recomendado para a aplicação é de 1h30 (relógio). Caso a aula seja dupla (4 h/a), o professor pode aplicá-lo em um tempo maior, sempre valorizando mais a discussão em plenária (ver em detalhamento do método).

Tamanho mínimo e máximo de turma para aplicação

Este método pode ser aplicado em turmas de até 70 alunos.

Recursos necessários

Quadro, giz, caso a ser aplicado.

Detalhamento do método

1 – Programação:

Preparação	10 min
Organização dos grupos	10 min
1ª fase	20 min
2ª fase	20 min
3ª fase – plenária	20 min
Avaliação do professor	10 min

Preparação

A turma deve ser dividida em dois grupos: o de verbalização **(GV)** e o de observação **(GO)**. O grupo de verbalização tem como tarefa a discussão de um tema proposto, enquanto ao grupo de observação cabe a tarefa de observar o processo do trabalho de discussão e também o conteúdo da discussão.

Organização dos grupos

Um sorteio poderá determinar a formação dos grupos.

O grupo de verbalização **(GV)** receberá o tema proposto para debate, enquanto que o grupo de observação **(GO)** receberá o roteiro das observações que deve fazer.

1ª fase
GRUPO 1 como GV
GRUPO 2 como GO

Os participantes são divididos em dois grupo: o de verbalização e o de observação.

O grupo de observação deve verificar:

- como os indivíduos se organizam para o trabalho;
- participação dos elementos do grupo;
- desenvolvimento do tema;
- síntese do conteúdo discutido;
- como se tomam as decisões;
- nível emocional do grupo.

a) Observação do conteúdo:

- De que assuntos trataram?
- Qual a atuação intelectual de cada um?
- Quais os temas fundamentais tratados?
- Qual a síntese da discussão?

b) Observação do processo de grupo:

- Quem fala?
- Por quanto tempo?
- Com que frequência?
- Quem interrompe muito?
- Quais os bloqueios de comunicação utilizados?

c) Observação tomada de decisão:

- Por votação da maioria/por unanimidade.
- Entendimento entre os membros.
- Aceitação por consenso.
- Rejeição e disputa.

d) Observação do comportamento emocional:

- Forças que impedem e obstaculizam o trabalho.
- Há elementos que capitalizam a agressão do grupo.

e) Observação da liderança:

- Quem controla quem?
- Quem influencia quem?

O grupo de verbalização então deve fazer o trabalho segundo a proposta dada pelo professor.

O professor pode indicar um assunto a ser estudado e propor questões para serem discutidas.

2ª fase

GRUPO 2 como GV

GRUPO 1 como GO

A equipe que, na primeira fase, se encontrava em verbalização ocupa a posição de observação e vice-versa.

3ª fase

Os grupos de verbalização e observação se reúnem e passam a discutir o que observaram.

O professor nessa fase deve participar como moderador.

Fatores críticos de sucesso do método

Para que o método cumpra seus objetivos de forma eficaz, o professor deve garantir que:

- Os alunos recebam (via *e-mail* ou pasta no *site*) o caso ou as questões com, pelo menos, 2 semanas de antecedência.
- O caso ou as questões tenham total aderência ao conteúdo da disciplina, com aplicação prática clara.
- O professor controle à risca o tempo de cada etapa, para que o processo inteiro seja finalizado em um encontro.
- Os alunos que não tenham preparado o estudo do caso (a sua solução por escrito) ou que não tenham respondido às questões não sejam autorizados a participar da aula. Isso deve ser avisado duas semanas antes (quem não se preparar para a atividade não deve vir para a aula no dia da aplicação).
- Os alunos tenham a liberdade de buscar mais informações sobre o tema que é objeto do trabalho e usem tais informações para a sua solução.
- O professor não emita a sua opinião sobre qual é a melhor solução para o problema.

Por exemplo:

Caso do Índio Pataxó

Sentença disponível em: <http://jus2.uol.com.br/pecas/texto.asp?id=290>.

Sentença elaborada por Sandra De Santis M. de F. Mello, juíza do Tribunal do Júri de Brasília.

Processo nº 17901

Acusados: Max Rogério Alves

Antônio Novély Cardoso de Vilanova

Tomás Oliveira de Almeida

Eron Chaves de Oliveira

Vistos etc.

MAX ROGÉRIO ALVES, ANTÔNIO NOVÉLY CARDOSO DE VILANOVA, TOMÁS OLIVEIRA DE ALMEIDA E ERON CHAVES DE OLIVEIRA, *todos qualificados nos autos, foram denunciados pelo Ministério Público, como incursos nas sanções do artigo 121, § 2º, incisos I, III e IV do Código Penal e artigo 1º da Lei 2.252/54 e artigo 1º da Lei 8.072/90 porque, juntamente com o menor G.N.A.J. (Nota do Editor: o nome completo do menor será sempre omitido, embora conste do original) jogaram substância inflamável e atearam fogo em Galdino Jesus dos Santos, causando-lhe a morte.*

Narra a inicial da acusação que, ao amanhecer, o grupo passou pela parada de ônibus onde dormia a vítima. Deliberaram atear-lhe fogo, para o que adquiriram dois litros de combustível em um posto de abastecimento. Retornaram ao local e enquanto Eron e G. despejavam líquido inflamável sobre a vítima, os demais atearam fogo, evadindo-se a seguir.

Três qualificadoras foram descritas na denúncia: o motivo torpe por que os denunciados teriam agido para se divertir com a cena de um ser humano em chamas, o meio cruel, em virtude de ter sido a morte provocada por fogo e o uso de recurso que impossibilitou a defesa da vítima, que foi atacada enquanto dormia.

A inicial, que foi recebida por despacho de 28 de abril de 1997, veio acompanhada do inquérito policial instaurado na 1ª Delegacia Policial. Do caderno informativo constam, de relevantes, o auto de prisão em flagrante de fls. 08/22, os boletins de vida pregressa de fls. 43 a 55 e o relatório final de fls. 131/134. Posteriormente vieram aos autos o laudo cadavérico de fls. 146 e seguintes, o laudo de exame de local e de veículo de fls. 172/185, o exame em substância combustível de fls. 186/191, o termo de restituição de fls. 247 e a continuação do laudo cadavérico, que está a fls. 509.

O Ministério Público requereu a prisão preventiva dos indiciados. A prisão em flagrante foi relaxada, não configurada a hipótese de quase flagrância, por não ter havido perseguição, tendo sido os réus localizados em virtude de diligências policiais. Na mesma oportunidade foi decretada a segregação preventiva dos acusados, com fundamento na necessidade de salvaguardar a ordem pública, evitar o descrédito do Poder Judiciário, para que a liberdade não servisse de incentivo a práticas similares. Além da garantia da ordem pública, a prisão foi decretada por conveniência da instrução criminal, para assegurar a integridade física dos réus e de seus familiares e para salvaguardar a aplicação da lei penal, porquanto tão logo praticado o crime os réus evadiram-se do local, demonstrando que pretendiam furtar-se a eventual condenação.

O MM. Juiz Federal da 10ª Vara oficiou notificando ter prolatado decisão firmando a respectiva competência para apreciar e julgar os autos da ação penal. Suscitado conflito de competência, o processo ficou paralisado. Julgado pelo Superior Tribunal de Justiça, foi declarado competente o Juízo de Direito da Vara do Tribunal do Júri.

O genitor da vítima foi admitido como assistente do Ministério Público, conforme despacho de fls. 286.

Os réus foram interrogados. Max Rogério afirmou que, ao avistarem a vítima no ponto de ônibus, tiveram a ideia de "pregar um susto para ver a vítima correr". Adquiriram álcool combustível, que foi parcialmente despejado sobre a pessoa que dormia, sendo ateado o fogo. Asseverou que ficaram assustados e saíram do local, tendo em vista a aproximação de um veículo, embora tivessem cogitado ajudar a vítima. Alegou ter consciência de que o álcool combustível é substância altamente inflamável mas que não esperavam que o fogo "tomasse a proporção que tomou." (fls. 292/294)

Antônio Novély Cardoso de Vilanova argumentou que resolveram dar um susto na vítima, que a brincadeira seria com uso de álcool e fósforos. Mencionou a ida ao posto de abastecimento para aquisição do combustível, que não seria usado por inteiro, razão pela qual Eron despejou o conteúdo de um dos litros em um gramado situado próximo à parada de ônibus. Assevera que enquanto Eron deixava cair o combustível sobre a vítima, um dos autores riscou precipitadamente o fósforo, momento em que as labaredas subiram na direção de Eron que assustou-se e jogou o vasilhame no chão. Narrou que entre os acusados houve o comentário de que "a vítima pegou fogo demais". Mencionou ter consciência de ser o álcool combustível substância altamente inflamável mas alegou que sua intenção, como a dos demais, era somente derramar o líquido sobre a vítima, a fim de dar-lhe um susto para vê-la correr, sendo que em momento algum lhe passou pela cabeça que a vítima poderia morrer, como também ficar lesionada. Assegurou que a intenção era só dar um susto na vítima.

Tomás Oliveira de Almeida, interrogado em Juízo, também relatou que ao ser avistada a vítima surgiu a ideia de atear-lhe fogo para que esta corresse. Confirmou que adquiriram dois litros de álcool combustível e que, após darem mais algumas voltas, dirigiram-se ao local do crime onde decidiram esvaziar um dos vasilhames, pois entenderam que não haveria necessidade de utilização dos dois litros de álcool. Afirmou ter sido Eron quem despejou o líquido na vítima e que, ao riscarem os fósforos, a labareda foi em direção à garrafa que estava nas mãos de Eron, que a soltou, tendo todos saído do local. Afirmou também ter consciência de que o álcool combustível é substância altamente inflamável mas que em nenhum momento lhe passou pela cabeça que o fogo "pegasse com rapidez e queimasse toda a vítima".

O acusado Eron, ao ser ouvido, informou que todos assentiram na ideia de atear fogo à pessoa que estava no abrigo, para o que adquiriram álcool combustível. Alegou que todos imaginaram que a vítima fosse acordar e correr atrás do grupo para agredi-los. Argumentou ter derramado o conteúdo de um dos vasilhames no gramado e que estava jogando o líquido nos pés da vítima quando iniciou o fogo "que subiu de baixo para cima", vindo em direção às suas mãos. Asseverou ter largado o vasilhame, saindo do local às pressas.

Todos os réus apresentaram as defesas prévias, que estão às fls. 337/379, requerendo a realização de diligências. Algumas delas foram deferidas, não o sendo a instauração de incidente de insanidade mental, além da oitiva de testemunha que não constava do rol apresentado com as alegações preliminares.

Na fase instrutória foram ouvidas nove testemunhas arroladas pela acusação e trinta e uma pelas defesas, conforme assentadas e termos de audiência de fls. 390/409, 434/454 e 470/474.

A fls. 485 está carta precatória expedida para depoimento de testemunha de defesa residente em Pau Brasil – Bahia.

Na oportunidade do art. 406 do Código de Processo Penal, o Ministério Público e as defesas apresentaram alegações finais. A Promotora de Justiça, por entender presentes os requisitos necessários à pronúncia, manifestou-se pelo julgamento pelo Egrégio Tribunal do Júri, mantidas as qualificadoras e a imputação de corrupção do menor. Asseverou que, "se não tinham os agentes do crime manifesta intenção de causar a morte da vítima, **no mínimo** assumiram o risco de provocar o resultado lamentavelmente advindo. A pretendida desclassificação, se fosse o caso, só poderia ser feita pelo Conselho de Sentença, após os debates em Plenário de Júri" (alegações de fls. 512 e seguintes – grifos no original).

A assistência da acusação ratificou as razões finais do Ministério Público.

A defesa de Eron e Tomás pugnou pela desclassificação do ilícito, argumentando que a prova produzida leva à inconteste conclusão de que os defendentes, ao realizarem as condutas, não previram o resultado morte e sim a lesão corporal, ocorrendo crime preterdoloso. Pretende o afastamento das qualificadoras, *caso pronunciados os réus e a impronúncia com relação ao crime previsto no artigo 1º da Lei 2.252/54.*

Na mesma linha, a defesa do réu Max Rogério. Nas alegações, que tecem comentários à personalidade do acusado, diante das informações obtidas quando da oitiva das testemunhas de defesa, pretende também a revogação da prisão preventiva.

Nas alegações finais apresentadas, a defesa de Antônio Novely rechaça os argumentos do Ministério Público e argumenta que o dolo do agente, ainda que eventual, deve ser provado e não presumido. Pretende a desclassificação para o ilícito previsto no artigo 129, § 3º, do Código Penal ou no artigo 121, § 3º, do mesmo Codex e a impronúncia em relação ao crime descrito no artigo 1º da Lei 2.254/54.

É o relatório. Decido.

*Finda a instrução, apresentadas as alegações finais, o Juiz sentenciante terá quatro opções: a **pronúncia**, porque determina o artigo 408 do Código de Processo Penal que, se o juiz se convencer da existência do crime e de indícios de que o réu seja o autor, pronunciá-lo-á, dando os motivos do seu convencimento; a **impronúncia**, quando não se convencer da existência do crime ou de indício suficiente da autoria; a **desclassificação**, prevista no artigo 410 do mesmo diploma, quando o juiz se convencer, em discordância com a denúncia ou queixa, da existência de crime diverso daquele da competência do Tribunal do Júri e a **absolvição sumária**, quando ocorrente alguma causa de justificação, na forma do disposto no artigo 411 do Código de Processo Penal.*

Assim, não tem razão a douta representante do Ministério Público quando afirma que a desclassificação só poderá ser feita pelo Conselho de Sentença, após os debates em Plenário do Júri. Se por um lado é certo que também durante a sessão de julgamento, quando da votação do questionário, pode ser operada a alteração da classificação penal, por outro lado não se pode negar vigência ao disposto no artigo 410 do Código de Processo Penal.

*Os acusados foram denunciados porque, ao praticarem o crime, teriam agido com **animus necandi**, na forma do dolo eventual. É o que consta da peça acusatória: "No dia 20 de abril de 1997, por volta de cinco horas, na EQS 703/704 – W3 Sul – Brasília – DF, os denunciados, juntamente com o menor de idade G.N.A.J., mataram Galdino Jesus dos Santos, índio Pataxó, contra o qual jogaram substância inflamável, ateando fogo a seguir, assumindo claramente o risco de provocar o resultado morte."*

*Nas alegações finais, o Ministério Público argumentou: "**se não tinham os agentes do crime manifesta intenção de causar a morte da vítima, no*** *mínimo assumiram o risco de provocar o resultado lamentavelmente advindo".*

Não se contende sobre autoria e materialidade do ilícito. Os acusados assumiram a responsabilidade pela prática delituosa. A confissão está corroborada pela ampla prova trazida aos autos. Já a materialidade, está patenteada no laudo de exame cadavérico. As fotografias anexadas à peça técnica demonstram as lesões sofridas pela vítima do crime e que, certamente, lhe causaram sofrimento atroz. A conduta dos agentes, sem dúvida, deixou a todos indignados, tal a reprovabilidade da selvagem "brincadeira", independentemente de tratar-se de mendigo ou índio – ambos seres humanos.

Assim, o único ponto controvertido é o elemento subjetivo. Deve ser salientado **que a vontade é elemento integrante do tipo penal**. Importante saber se os réus quiseram o resultado morte ou assumiram o risco de produzi-lo, para fixar a competência constitucional deste Tribunal do Júri, ou se ocorreu outro crime com resultado morte, hipótese em que competente para julgamento o juízo singular.

A atividade humana é um acontecimento finalista, não somente causal. Toda conduta humana é **finalisticamente** dirigida a um resultado. Nosso Código Penal é finalista. Neste sentido o entendimento jurisprudencial:

"Após a reforma da Parte Geral do Código Penal Brasileiro, operada em 1984, a análise do elemento subjetivo que move a conduta do agente de qualquer delito é medida que se impõe em razão da Lei, eis que o Diploma Penal Substantivo adotou como seu corolário a teoria da Ação Finalista (TJDF – Rel. Des. Hermenegildo Gonçalves)

"Hoje, pela doutrina de Welzel ('Das deutsche Strafrechet') a denominada teoria finalista da ação, adotada por nosso CP, a culpa integra o tipo" (Resp. 40180, MG – Rel. designado Min. Adhemar Maciel)

A denúncia veio fundada no dolo eventual. Pretendem os réus a desclassificação do ilícito, seja para o crime de lesões corporais seguidas de morte, previsto no artigo 129, § 3º, ou o do artigo 250, § 2º, do mesmo diploma. Desde já afasto a possibilidade de se tratar somente de crime culposo pois, no tipo culposo, o agente realiza uma ação cujo fim é lícito mas, por não se conduzir com observância do dever de cuidado, dá causa a um resultado punível. E atear fogo em pessoa que dormia no abrigo de ônibus, para assustá-la, à evidência não é atividade lícita. Também não pode ser aceita a pretendida capitulação do ilícito como incêndio culposo. Os acusados confessaram que atearam fogo na vítima. E o tipo subjetivo do crime de incêndio é a vontade deliberadamente dirigida ao incêndio de alguma coisa, tendo o agente consciência e vontade *de produzir uma situação de perigo comum. Um ser humano não é coisa, seja ele índio ou mendigo.*

Assim, restam somente o homicídio praticado com dolo eventual e o crime de lesões corporais seguidas de morte, denominado "preterdoloso", em que há dolo quanto à lesão corporal e culpa quanto ao homicídio. A linha divisória entre ambos é tênue. Cumpre trazer a lição dos doutrinadores a respeito do que sejam as duas figuras em cotejo.

*Para Assis Toledo, "A culpa consciente limita-se com o dolo eventual (CP, art. 18, I, **in fine**). A diferença é que na culpa consciente o agente não quer o resultado nem mesmo assume deliberadamente o risco de produzi-lo. Apesar de sabê-lo possível, acredita sinceramente poder evitá-lo, o que só não acontece com erro de cálculo ou por erro na execução. No dolo eventual o agente não só prevê o resultado danoso **como também o aceita** como uma das alternativas possíveis" (Princípios Básicos de Direito Penal – Saraiva – 4ª ed.).*

*O saudoso Heleno Fragoso leciona: "Há dolo eventual quando o agente assume o risco de produzir o resultado (CP, art. 18, I, **in fine**). Assumir o risco significa prever o resultado como provável ou possível e aceitar ou consentir sua superveniência. O dolo eventual aproxima-se da culpa consciente e dela se distingue porque nesta o agente, embora prevendo o resultado como possível ou provável, não o aceita nem consente. Não basta, portanto, a dúvida, ou seja, a incerteza a respeito de certo evento, sem implicação de natureza volitiva. O dolo eventual põe-se na perspectiva da vontade e não da representação, pois esta última pode conduzir também à culpa consciente. Nesse sentido já decidiu o STF (RTJ, 35/282). A rigor, a expressão "assumir o risco" é imprecisa para distinguir o dolo eventual da culpa consciente e deve ser interpretada em consonância com a teoria do consentimento" (Lições de Direito Penal – 8ª ed. Forense).*

Segundo a teoria positiva do consentimento, formulada por Frank, que é útil como critério prático para identificar o dolo eventual, ocorre tal tipo de dolo quando o agente diz a si mesmo: "seja assim ou de outra maneira, suceda isto ou aquilo, em qualquer caso agirei".

Fernando de Almeida Pedroso, na obra Direito Penal – 2ª ed. – Leud, pág. 407, cita Albani Pecoraro: "No dolo eventual, o agente, ao prever como possível a realização do evento, não se detém. Age, mesmo às custas de realizar o evento previsto como possível." E, mais adiante, acrescenta: "Dessa maneira, enquanto o dolo direto se respalda e embasa na teoria da vontade (por sua determinação quanto ao crime), tem o dolo eventual supedâneo e alicerce no princípio do assentimento, ex vi da anuência manifestada pelo sujeito ativo no que pertine com o delito."

O exemplo citado pelo autor, retirado da jurisprudência do Supremo Tribunal Federal, é elucidativo: "Existe dolo eventual, outrotanto, no comportamento do militar que pratica 'roleta russa', acionando por vezes o revólver carregado com um só cartucho e apontando-o sucessivamente a cada um dos seus subordinados, para experimentar a sorte deles, culminando por matar alguém."

Alberto Silva Franco **in** *Código Penal e sua Interpretação Jurisprudencial (5ª ed. – Editora Revista dos Tribunais) alerta: "Assim, não basta para que haja dolo eventual que o agente considere sumamente provável que, mediante seu comportamento, se realize o tipo, nem que atue consciente da possibilidade concreta de produzir o resultado, e nem mesmo que tome a sério o perigo de produzir possível consequência acessória. Não é exatamente no nível atingido pelas possibilidades de concretização do resultado que se poderá detectar o dolo eventual e, sim,* **numa determinada relação de vontade entre esse resultado e o agente***" (grifos que não constam do original).*

Em suma, há dolo eventual quando o agente prevê como provável e não apenas como possível o resultado que tenha eventualmente aceito. A situação psíquica do agente em relação ao fato deve ser deduzida das circunstâncias do fato e do caráter dos agentes. No julgamento do AC 285.215 – TACRIM SP, o Rel. Silva Franco deixou assentado: "O momento volitivo se manifesta na esfera do subjetivo, no íntimo do agente e, deste modo, não é um dado da realidade que possa ser diretamente apreendido. Mas isto não significa que não possa ser extraído do caráter do agente e de todo o complexo de circunstâncias que cercaram seu atuar."

Traçados os balizamentos, tarefa mais árdua é a de pesquisar, no caso concreto, o **animus** *que conduziu os agentes ao crime. Coloca-se o julgador à frente do dilema: "queriam os jovens matar aquele que dormia no abrigo de ônibus ou fazer uma brincadeira cujo resultado foi mais grave que o desejado? Para obter a difícil resposta sobre o elemento subjetivo, um dos meios é considerar a potencialidade lesiva do meio empregado, dado bastante relevante. O fogo pode matar, e foi o que o ocorreu, mas sem dúvida não é o que normalmente acontece".*

No julgamento do **habeas corpus** *7651/97, o Des. Joazil Gardès deixou consignado:*

"Se perguntarmos: tiro mata? Veneno mata? Enforcamento (esganadura) mata? Afogamento mata? A resposta inevitável será: mata; mas, se perguntarmos queimadura mata? A resposta até mesmo de médicos que não sejam especialistas em queimados, invariavelmente será: queimadura não mata, isto porque toda a sorte de queimadura, produzida por fogo ou substâncias de efeito análogo é possível de ser tratada, sendo natural avistarmos pelas ruas e salões sociais, pessoas com rostos, membros e corpos deformados por queimaduras."

Por outro lado, mais um dado importante evidenciou-se durante a instrução. É que, apesar de terem adquirido dois litros de combustível, logo que chegaram ao **locus delicti** *o conteúdo de um dos vasilhames foi derramado na grama. O laudo de exame de local demonstra a afirmativa, principalmente a fotografia de fls. 182. A prova técnica, por seu turno, também vem ao encontro da versão dos acusados de que os fósforos foram acesos precipitadamente, enquanto Eron derramava o líquido inflamável sobre a vítima, fazendo-o largar abruptamente o vasilhame. A fls. 173 dos autos está consignado que "sob o banco do abrigo havia um recipiente plástico, opaco, na cor verde, com as inscrições LUBRAX SJ ÓLEO PARA MOTORES A GASOLINA E A ÁLCOOL – Volume 1000 ml, vazio, que se encontrava com a parte superior comburida".*

No interrogatório Antônio Novély afirmou:

"... que nesse instante alguém cuja identidade o interrogando não se recorda riscou precipitadamente um fósforo e o jogou na direção do pano, momento em que este começou a pegar fogo e as labaredas subiram na direção de Eron, o qual estava com o litro de combustível em suas mãos; que o interrogando estava ao lado de Eron e pode sentir as labaredas do fogo bem próximas de si e nesse instante Eron assustou-se e jogou o litro de combustível no chão; que nesse instante todos os quatro correram ...."

O acusado Eron confirmou:

"... que concomitantemente alguém riscou um fósforo, sem que o interrogando saiba quem foi, momento em que iniciou-se o fogo 'que subiu de baixo para cima', vindo em direção à mão do interrogando que imediatamente soltou a garrafa e saiu correndo; ..."

As testemunhas que presenciaram a fuga dos réus informaram o estado de ânimo dos mesmos após os fatos: estavam todos afobados. José Maria Gomes asseverou que "quando viu os elementos atravessando correndo a via W3 Sul eles pareciam estar com muita pressa e desesperados".

Assiste razão à defesa do acusado Antônio Novély quando afirma que desespero e afobação não se coadunam com aqueles que agem com **animus necandi***.*

O caráter dos agentes foi exposto durante a instrução criminal. Por outro lado, as declarações prestadas imediatamente após os fatos demonstram que não havia indiferença na ocorrência do resultado.

Assim, analisada como um todo, a prova dos autos demonstra a ocorrência do crime preterintencional e não do homicídio. A ação inicial dos réus, sem qualquer dúvida, foi dolosa. Não há como afastar a conclusão de que, ao atearem fogo à vítima para assustá-la, sabiam que iriam feri-la. O resultado morte, entretanto, que lhes escapou à vontade, a eles só pode ser atribuído pela previsibilidade. Qualquer infante sabe dos perigos de mexer com fogo. E também *sabe que o fogo queima, ainda mais álcool combustível, líquido altamente inflamável. Os réus também têm este conhecimento. Entretanto, mesmo sabendo perfeitamente das possíveis e até mesmo prováveis consequências do ato impensado, não está presente o dolo eventual. Uma frase constante do depoimento de Max, no auto de prisão em flagrante, sintetiza o que realmente ocorreu. Está a fls. 15: "**pegou fogo demais, a gente não queria tanto**". Como já enfocado, **assumir o risco não se confunde, em hipótese alguma, com previsibilidade do resultado.** Assumir o risco é mais, é **assentir** no resultado, é **querer ou aceitar** a respectiva concretização. É necessário que o agente **tenha a vontade** e não apenas a **consciência** de correr o risco. E o "ter a vontade" é elemento subjetivo que está totalmente afastado pela prova dos autos, que demonstrou à saciedade que os acusados pretendiam fazer uma brincadeira selvagem, ateando fogo naquele que presumiram ser um mendigo, mas nunca anuíram no resultado morte. Tem razão o Ministério Público quando afirma que "não se brinca com tamanha dor nem de um animal, quanto mais de um desprotegido ser humano". Acrescento que a reprovabilidade da conduta mais se avulta quando estreme de dúvidas que os acusados tiveram muitas e variadas oportunidades para desistirem da selvagem diversão. Por outro lado, agiram de forma censurável pois, após avistarem a vítima no ponto de ônibus da EQS 703/704 Sul, deslocaram-se a um posto de abastecimento distante do local, nas quadras 400, para adquirir o combustível, dizendo que o fariam porque havia um carro parado por falta de combustível. O acusado Antônio Novély, no interrogatório, asseverou:*

"... que o interrogando não se recorda de quem partiu a ideia de dar o susto na vítima, sabendo dizer que todos concordaram com a ideia; ... que em seguida alguém teve a ideia de que o susto seria aplicado com uso de álcool e fósforos, porém o interrogando não sabe dizer de quem partiu a ideia, mas todos concordaram com a mesma; que assim combinados, todos se dirigiram para um posto de gasolina, localizado na 405 sul, salvo engano; que ali chegando todos desceram do veículo e se dirigiram ao frentista alegando que tinham um carro ali próximo sem combustível e precisariam de um vasilhame para levar até o carro; que o frentista sugeriu que todos olhassem em um latão de lixo próximo, a fim de procuraram um vasilhame vazio; que todos procuraram e o interrogando não se recorda quem achou os dois litros de óleo vazio, os quais encheram de álcool combustível; ... que não foram de imediato ao encontro da vítima, já que depois da compra do combustível ainda rodaram um certo tempo pelas ruas da cidade a fim de procurarem algo para fazer..." (fls. 296/297)

Por mais ignóbil que tenha sido a conduta irresponsável dos acusados, não queriam eles, nem eventualmente, a morte de Galdino Jesus dos Santos. A emoção e a indignação causadas pelo trágico resultado não podem afastar a razão. Assim, os réus devem ser julgados e punidos unicamente pelo crime co-

metido que, salvo entendimento diverso do MM. Juiz competente, é o de lesões corporais seguidas de morte. Inexistente o **animus necandi** *(por não terem os acusados querido o trágico resultado ou assumido o risco de produzi-lo, repita-se), está afastada a competência do Tribunal do Júri, devendo os autos ser encaminhados a uma das Varas Criminais, a que couber por distribuição.*

Por último cumpre examinar se deve ou não persistir a custódia cautelar dos acusados, diante da desclassificação do ilícito.

Em princípio, salvo entendimento diverso do MM. Juiz a quem couber o julgamento do feito, os réus deverão responder pelo crime previsto no artigo 129, § 3º do Código Penal, **verbis:**

Art. 129 – (omissis)

§ 3º Se resulta morte e as circunstâncias evidenciam que o agente não quis o resultado, nem assumiu o risco de produzi-lo.

Pena – reclusão, de quatro a doze anos.

A nova capitulação que se delineia não é afiançável e, como sabido, o fato de os réus serem primários e de bons antecedentes não pode, por si só, desautorizar a prisão fundamentadamente decretada. Por outro lado, persistem, ao menos parcialmente, os motivos que levaram à segregação cautelar. Acrescento que a 2ª Turma Criminal do Tribunal de Justiça, por maioria, negou **habeas corpus** *impetrado em favor de Max Rogério Alves. Assim, não se vislumbrando qualquer maltrato a preceito constitucional que justifique antecipação da decisão que o juiz da causa venha a tomar, deixo de examinar o pedido de liberdade provisória para não subtrair do Juízo competente a direção do processo.*

Diante do exposto e com fundamento nos artigos 408, § 4º, e 410 do Código de Processo Penal, desclassifico a imputação de homicídio doloso contra Max Rogério Alves, Antônio Novély Cardoso de Vilanova, Tomás Oliveira de Almeida e Eron Chaves Oliveira e declino da competência para uma das Varas Criminais, determinando que, após o decurso do prazo recursal e feitas as anotações de estilo, remetam-se os autos à Distribuição.

P.R.I.

Brasília, 9 de agosto de 1997

Sandra De Santis M. de F. Mello

Preparação

A turma deve ser dividida em dois grupos: o de verbalização **(GV)** e o de observação **(GO)**.

O grupo de verbalização tem como tarefa a discussão da sentença dada no caso da morte do índio Pataxó em Brasília, tendo que refazê-la de acordo com a opinião do grupo, enquanto ao grupo de observação cabe a tarefa de observar o processo do trabalho de discussão e também o conteúdo da discussão.

Organização dos grupos

Um sorteio poderá determinar a formação dos grupos.

O grupo de verbalização **(GV)** receberá o tema proposto para debate, enquanto que o grupo de observação **(GO)** receberá o roteiro das observações que deve fazer.

1ª fase
GRUPO 1 como GV
GRUPO 2 como GO

Os participantes são divididos em dois grupos: o de verbalização e o de observação.

O grupo de observação deve verificar:

- como os indivíduos se organizam para o trabalho;
- participação dos elementos do grupo;
- desenvolvimento do tema;
- síntese do conteúdo discutido;
- como se tomam as decisões;
- nível emocional do grupo.

a) Observação do conteúdo:

- A maioria os alunos ficou a favor ou contra a sentença? Por quê?
- Quais a possíveis teses levantadas? Dolo direto? Dolo eventual? Culpa consciente? Culpa inconsciente?
- Alguém defendeu a lesão corporal seguida de morte?
- Qual a síntese da discussão?

b) Observação do processo de grupo:

- Quem fala?
- Por quanto tempo?

- Com que frequência?
- Quem interrompe muito?
- Quais os bloqueios de comunicação utilizados?

c) Observação tomada de decisão:

- Por votação da maioria/por unanimidade.
- Entendimento entre os membros.
- Aceitação por consenso.
- Rejeição e disputa.

d) Observação do comportamento emocional:

- Forças que impedem e obstaculizam o trabalho.
- Há elementos que capitalizam a agressão do grupo.

e) Observação da liderança:

- Quem controla quem?
- Quem influencia quem?

2ª fase
GRUPO 2 como GV
GRUPO 1 como GO

A equipe que, na primeira fase, se encontrava em verbalização ocupa a posição de observação e vice-versa.

3ª fase

Os grupos de verbalização e observação se reúnem e passam a discutir o que observaram.

O professor nesta fase deve participar como moderador.

4.2.3 Role Play – Dramatização

Marcelo Veras

Overview do método

Este método é bastante desafiante, lúdico e motivador. Nele, os alunos são convidados a elaborar uma dramatização qualquer sobre um tema da disciplina. O tipo de dramatização é livre. Os alunos devem buscar uma forma criativa, inovadora e lúdica para apresentar o conceito aprendido aos demais colegas de classe.

Situações de aplicação

Especialmente indicado para situações em que se deseja que os alunos percebam as situações de aplicações práticas de conceitos, de forma lúdica e dinâmica.

Não há limitações para o uso deste método em termos de assuntos tratados. Dessa forma, qualquer disciplina pode utilizar o mesmo.

Competências desenvolvidas pelo método

Muitas competências poderão ser desenvolvidas a partir desse método, segundo o tema conceitual a ser abordado. Em todos os casos, ao final das atividades o aluno terá exercido, ao menos, as seguintes competências:

TÉCNICAS
- Assunto a ser abordado.
- Capacidade de síntese.
- Comunicação e expressão.

COMPORTAMENTAIS
- Empreendedorismo.
- Relacionamento interpessoal.
- Equilíbrio emocional.

GERENCIAIS
- Trabalho em equipe.
- Gerenciamento e entrega.
- Processo de vendas e negociação.

Tempo de aplicação do método

Esse tempo varia conforme o número de grupos a apresentar sua dramatização. De forma geral, sugere-se o seguinte uso do tempo:

- Preparação do roteiro da dramatização: 20 minutos.
- Ensaio: 20 minutos.
- Apresentação: 60 minutos. Cada grupo pode ter um tempo de 5 a 10 minutos para a sua apresentação.

Dependendo do tamanho da turma, podem-se fazer ajustes nos tempos, conforme disponibilidade de tempo, complexidade do tema etc.

Se for pertinente e o tema mais complexo e longo, esse método pode ser utilizado ao longo de 2-3 encontros (dias diferentes). Com isso, os alunos teriam mais tempo para elaborar o roteiro e ensaiar. A dramatização pode ser feita na sala de aula ou em qualquer outro espaço adequado da ESAMC (auditório, *hall* de entrada etc.). Aqui vale um pouco de ousadia e criatividade na implementação do método.

Tamanho mínimo e máximo de turma para aplicação

Não há limites de tamanho de turma para a aplicação do método, mas deve-se considerar a limitação de tempo da aula. O método deve ser utilizado em equipes de pelo menos cinco alunos.

Recursos necessários

Não há necessidade de recursos especiais. Entretanto, deve-se levar em conta que, ao final do processo, os conceitos sejam comentados com a classe, para alinhamento. Os recursos para essa etapa ficam a critério do docente.

Detalhamento do método

Como se aplica o método?

1. O professor apresenta o tema que será tratado e apresenta o método aos alunos.
2. O professor deve dividir a classe em grupos de, no mínimo, cinco alunos.

3. Os grupos terão entre 15 e 20 minutos para elaborar roteiros sobre os conceitos que o docente apresentar. Não se deve extrapolar esse tempo porque há tendência a dispersão.
4. Os grupos apresentam a sua dramatização.
5. Encerradas as participações de todos os grupos, o professor deve realizar um fechamento comentando os pontos que mais chamaram a atenção.

Fatores críticos de sucesso do método

- Todos os alunos do grupo devem participar.
- Alguns alunos podem se sentir pouco à vontade em realizar apresentações. Entendemos que esse método visa também estimular a comunicação e expressão, necessários à vida profissional. Caso o professor detecte algum caso de aluno com essa dificuldade, pode sugerir que ele utilize um roteiro escrito para auxílio na apresentação.
- É fundamental a reflexão após as apresentações. Isso inclui a participação do professor enfatizando ou corrigindo as abordagens conceituais realizadas.

4.2.4 Debate público

Marcelo Veras

Overview do método

Trata-se de um método muito envolvente, em que dois alunos altamente capacitados e previamente preparados debatem publicamente, diante da classe, um assunto polêmico e desafiante. Em clima quase "de competição", a turma será envolvida na "guerra de argumentos" entre os dois debatedores.

Situações de aplicação

Esse método é recomendado em módulos que possuam algum tipo de tema que gere polêmica e que não tenha consenso geral na academia e nem no mercado. É muito útil para se explorar pontos de vista sobre um tema social, político, comunitário, científico ou educacional.

Exemplos:

- Aborto: um a favor e outro contra.
- Liberação das drogas: um a favor e outro contra.
- Uso de promoção de vendas × propaganda.
- Nível de endividamento de uma empresa: alto × baixo.
- Formas de se demitir um funcionário.
- Monitoramento das contas de *e-mails* dos funcionários: contra × a favor.
- "Roubar" um funcionário de um concorrente: certo ou errado.
- Privatizar uma empresa pública: contra × a favor.

Enfim, as possibilidades de temas são inúmeras. Com certeza será fácil encontrar em qualquer disciplina uma oportunidade de aplicar esse método.

Competências desenvolvidas pelo método

As principais competências desenvolvidas por este método são:

TÉCNICAS

- Raciocínio analítico.
- Raciocínio crítico.

- Raciocínio lógico.
- Conteúdo tratado no debate.

COMPORTAMENTAIS

- Empreendedorismo.
- Ética.
- Comprometimento.
- Equilíbrio emocional.
- Flexibilidade.

GERENCIAIS

- Liderança.
- Visão global e pensamento estratégico.
- Processo de vendas e negociação.
- Etiqueta empresarial.

Tempo de aplicação do método

O método foi desenvolvido para ser implantado em uma aula de 100 minutos. Dependendo da agenda e da disponibilidade, o tempo de aplicação pode ser ampliado pelo professor.

Tamanho mínimo e máximo de turma para aplicação

Não há limites de tamanho de turma para a aplicação do método, mas deve-se considerar a limitação de tempo da aula.

Recursos necessários

Cronômetro regressivo para a contabilização do tempo. Normalmente há disponível na maioria dos telefones celulares.

Em relação aos alunos, os recursos necessários são:

- Dois debatedores.

- Um mediador. Preferencialmente um outro aluno.
- Plateia (demais alunos da classe).

Detalhamento do método

O método se desenvolve em três fases:

Fase I: Preparação do debate

- O tema que será objeto do debate é definido com a turma na semana anterior à de aplicação do método. Os alunos devem ser avisados que o tema será tratado na aula seguinte, na forma de um debate público.
- Dois alunos são escolhidos para serem os debatedores e um aluno é escolhido para ser o mediador. A escolha pode ser feita através de uma votação entre a classe ou através de consenso.
- A turma deve ser informada sobre o tema do debate e o professor deve solicitar algum tipo de preparação prévia aos alunos, para que entrem em contato com o tema, mas sem se posicionarem para um lado ou outro.
- O professor se reúne com os dois debatedores e com o mediador para acertar a linha de defesa de cada debatedor e as regras do debate com, pelo menos, uma semana de antecedência. As regras incluem:
  - Tempo total do debate.
  - Tempo de apresentação de cada linha de argumentos no início do debate.
  - Tempos de formulação de perguntas entre os debatedores.
  - Tempo de respostas.
  - Tempo de réplica e tréplica (se houver).
  - Tempo para considerações finais de cada debatedor.

Fase II: Realização do debate

- No início da aula, o professor faz a abertura do debate e passa a palavra para o mediador.
- O mediador apresenta os debatedores e a linha de defesa de cada um.
- O debate se inicia, seguindo as regras previamente estabelecidas.

Fase III: Fechamento

- O professor agradece a participação de todos.
- Apresenta suas considerações sobre o tema e os argumentos apresentados.
- De preferência, o professor não deve se posicionar a favor de um lado ou outro.
- Caso ache conveniente e interessante, pode-se conduzir uma votação secreta para eleger a melhor linha de defesa.

Observações

- Uma possibilidade é dar a cada debatedor um grupo de apoio (dois ou três alunos), para que se reúna com ele num intervalo predeterminado ao longo do debate, a fim de se aconselhar e, eventualmente, mudar a estratégia e os argumentos usados.
- É recomendado que os debatedores tenham a liberdade de trazer material impresso para consulta ao longo do debate. Isso deve ser informado na fase I.

Fatores críticos de sucesso do método

- A preparação prévia dos debatedores é fundamental para o sucesso desse método.
- A escolha do tema também deve permitir uma larga exploração de argumentos por parte dos debatedores.
- O professor deve garantir que a turma venha para a aula em que ocorrerá o debate com algum tipo de preparação prévia, para que todos se envolvam mais e aprofundem a sua análise com base nos argumentos apresentados.
- O fechamento por parte do professor é fundamental para que os objetivos sejam atingidos.

4.2.5 Desafio de conhecimento

Caio Ravaglia

Overview do método

O método de aprendizagem denominado desafio de conhecimento consiste numa gincana de conhecimento entre os alunos. Esse sistema é adequado para turmas comprometidas com os estudos e a aprendizagem e produz bons resultados no médio prazo.

O sistema deve ser apresentado de forma entusiasmada e envolvente para a turma perceber que não se trata de identificar o melhor aluno em detrimento aos demais, mas sim perceberem que, havendo dedicação aos estudos, ocorrerá uma variação favorável para aqueles que rapidamente responderem às perguntas formuladas.

Situações de aplicação do método

O método tanto pode ser aplicado após o término de um tema estudado, abrangendo quantidade de conhecimento relativamente pequena, como também a situações mais complexas, envolvendo todo um ramo de conhecimento.

Competências desenvolvidas pelo método

O método permite desenvolver as competências de ética, equilíbrio emocional, comprometimento, relacionamento interpessoal, diversidade cultural, flexibilidade, trabalho em equipe, gerenciamento, gestão de pessoas e conflitos.

Tempo de aplicação do método

O tempo de aplicação do método poderá ocupar várias aulas de duas a quatro horas, dependendo do tamanho da turma e do critério adotado para decidir quem será o vencedor.

Na atividade de formulação das perguntas, caso o professor opte por tê-las formuladas pelos alunos, o tempo de dedicação será bem maior e o trabalho poderá ser feito como lição de casa.

Tamanho das turmas para aplicação do método

O método é mais adequado para turmas de até 35 alunos.

Recursos necessários

São necessários os livros e dicionários a serem pesquisados e, caso o professor estabeleça que os alunos deverão pesquisar e formular questões para a gincana, será preciso um laboratório de informática a fim de sistematizar as perguntas.

No momento da gincana propriamente dita, torna-se essencial um computador com projetor para permitir que as perguntas sejam disponibilizadas ao mesmo tempo para os concorrentes.

Ao final, sugere-se seja entregue um diploma ao vencedor, portanto, será necessária também a confecção de um diploma.

Detalhamento do método

Ao longo da atividade de magistério, o professor deverá formular e selecionar uma série de perguntas com respostas rápidas que servirão como questões para a competição.

O professor poderá estabelecer que os alunos terão um envolvimento maior com a gincana, pois são eles que pesquisarão e formularão as perguntas a serem selecionadas para utilização durante o concurso. Dessa forma, o tempo de envolvimento dos alunos será bem maior, porém, o aprendizado será proporcionalmente mais amplo na medida em que deverão estudar mais.

Dentre as questões formuladas, o professor deve fazer uma seleção e ainda pode, de forma alternativa, utilizar-se de questões formuladas em uma turma para fazer a gincana em outra.

Inicialmente, deve-se fazer um sorteio ou utilizar-se de outro critério, como, por exemplo, a lista de presença, para estabelecer a sequência de formação dos pares. O primeiro par destaca-se dos demais alunos e se coloca próximo à tela de projeção e, assim que o professor disponibilizar a pergunta, eles se apresentam para respondê-la através de um sinal. Será necessário um juiz para aferir quem deu o sinal primeiro e, na hipótese de empate, decide-se por sorteio. Caso o aluno que deu o sinal primeiro acerte a resposta, conquista dois pontos, caso ele erre, perde um ponto e passa a vez para o colega que, acertando, recebe um ponto, errando perde um ponto. Esse par se enfrenta por três vezes e um sagra-se vencedor da disputa imediata.

Após a primeira rodada, perdedores de cada confronto são eliminados e os vencedores se enfrentarão numa segunda rodada. Procede-se assim sucessivamente até se chegar ao vencedor.

Fatores críticos de sucesso do método

O principal fator crítico desse método é a evidente competição a que os alunos serão submetidos. Essa técnica de estudo deve ser apresentada aos grupos de forma a perceberem que a disputa é muito salutar e divertida na medida em que se pretende que todos se envolvam de forma lúdica com a revisão e a retomada de uma série de conteúdos já estudados.

4.2.6 Sabatinados

Manuela Santin Souza de Stefano

Overview do método

Esse método consiste na formulação de perguntas ou na proposição de problemas relacionados a algum assunto de interesse geral. Alguns alunos escolhidos serão chamados de "sabatinados" e farão parte de uma mesa, mas permanecerão no jogo somente se acertarem as respostas.

Situações de aplicação

Especialmente indicado para aumentar o interesse da classe em assuntos que, de outra forma, seriam cansativos.

Esse método deve ser empregado toda vez que seja necessário colocar em evidência um conteúdo que necessite de aprofundamento ou demande um estudo mais demorado. Não deve ser usado em substituição à explanação do conteúdo, mas sim, como uma forma de avaliação e medição do que já foi exposto.

Competências desenvolvidas pelo método

Este método tem o poder de desenvolver as seguintes competências:

TÉCNICAS

- Ligadas ao tema escolhido para o caso (finanças, logística, remuneração, gestão de preços, ética etc.).
- Raciocínio analítico.
- Raciocínio lógico.
- Raciocínio crítico.
- Comunicação e expressão.

COMPORTAMENTAIS

- Ética.
- Comprometimento.
- Equilíbrio emocional.

GERENCIAIS

- Liderança.
- Gestão de pessoas e conflitos.
- Trabalho em equipe.
- Etiqueta empresarial.
- Cultura e valores empresariais.

Tempo de aplicação do método

O tempo recomendado para a aplicação do método é de uma ou duas horas-aula (50 a 100 minutos), dependendo do número de alunos na sala.

Tamanho mínimo e máximo de turma para aplicação

Não há limite máximo para a aplicação do método. O método deve ser utilizado em equipes.

Recursos necessários

Caixa ou saco para serem colocadas as perguntas.

Detalhamento do método

Preparação

O professor deverá preparar previamente perguntas acerca do assunto a ser discutido.

Cada pergunta deve estar dobrada em pequenos papéis e deve ser colocada dentro de uma caixa ou saco.

Execução

1. Escolha dos "sabatinados": a escolha dos sabatinados pode ser feita aleatoriamente, da seguinte forma: à medida que os alunos entrarem na sala de aula, o professor deve entregar-lhes um papel dobrado. Em quatro ou mais papéis estará escrita a palavra *sabatinado*.
2. O professor (que tem o papel de coordenador do grupo) convida os sabatinados para compor a mesa.

3. Deve haver um secretário para anotar os pontos obtidos por cada sabatinado.
4. Cada sabatinado irá sortear uma pergunta e entregar ao professor para que este possa lê-la em voz alta.
5. Lida a pergunta, o sabatinado deverá respondê-la. Se não souber a resposta, o auditório (demais alunos) poderá dar a resposta.
6. Se o sabatinado acertar a resposta, ganha um ponto. Se errar, será eliminado da mesa e a pergunta vai para um aluno do auditório.
7. Se o aluno do auditório acertar a resposta, passará a compor a mesa.
8. Depois de cada resposta dada, o professor poderá fazer uma explanação mais ampla sobre o assunto.
9. Se as perguntas previamente formuladas se esgotarem, as seguintes deverão ser formuladas pelo auditório.
10. Será vencedor aquele aluno que, ao final, tiver maior número de pontos.

Observações: Esse método pode ser usado em conjunto com o método "Leitura e formulação de perguntas". Neste caso, quem irá preparar as perguntas são os próprios alunos e o professor tem apenas o papel de selecioná-las e organizá-las em pequenos papéis dobrados.

Fatores críticos de sucesso do método

Para que esse método cumpra seus objetivos de forma eficaz, o professor deve garantir que:

- Os alunos já tenham estudado o assunto previamente.
- As perguntas sejam estimulantes e claras.
- Seja criado um clima de competição e envolvimento entre os participantes.

4.2.7 Seminários/painel

Anderson César Gomes Teixeira Pellegrino

Overview do método

Esse método consiste em requerer aos alunos a elaboração de seminários e/ou painéis como atividades de aprendizagem de temas da disciplina. A elaboração de um "seminário" consiste basicamente em solicitar aos alunos, organizados em grupos, leitura, análise crítica e comparativa e interpretação de textos, de dados quantitativos ou de casos, *para posterior apresentação oral e discussão em sala de aula*. Essa atividade pressupõe, portanto, estudo, pesquisa e apresentação por um grupo de alunos de um tema previamente determinado pelo professor. Já a criação de um "painel" se constitui em uma forma elaborada e sintética de apresentação/comunicação de conteúdos analisados pelos alunos por ocasião da execução de um seminário, ou mesmo de outras atividades acadêmicas que envolvam pesquisa, leitura e apresentação.

Nesse sentido, caberá ao professor construir, a partir das apresentações de seminários e painéis pelos alunos, a linha de raciocínio que será trabalhada em sala de aula, enfatizando os pontos de essencial interesse à disciplina no material apresentado. Esse método permite ao professor ensinar aos alunos como centrar sua atenção nas questões fundamentais da leitura e da pesquisa realizadas, e em suas conexões com o tema abordado na disciplina. Além disso, permite melhor participação dos alunos na construção de conceitos, análises e raciocínios em sala de aula, bem como lhes permite o exercício da síntese e da comparação de ideias, autores, temas e dados quantitativos pesquisados.

Situações de aplicação

Qualquer assunto de qualquer disciplina em que haja leitura, análise crítica e comparativa e interpretação de textos, de dados quantitativos ou de casos.

Competências desenvolvidas pelo método

Esse método pode desenvolver as seguintes competências:

TÉCNICAS
- Ligadas ao tema escolhido para o seminário/painel.
- Raciocínio analítico.
- Raciocínio lógico.

- Raciocínio crítico.
- Comunicação e expressão.

COMPORTAMENTAIS
- Flexibilidade.
- Comprometimento.

GERENCIAIS
- Visão global e pensamento estratégico (competência essencial trabalhada no método).
- Gerenciamento e entrega.
- Trabalho em equipe (competência essencial trabalhada no método).

Observação: As competências comportamentais e gerenciais dependem também do tema a ser tratado no seminário/painel.

Tempo de aplicação do método

O tempo mínimo recomendado para a aplicação do método é de 40 minutos (relógio), oscilando conforme o volume ou a complexidade do seminário/painel.

Tamanho mínimo e máximo de turma para aplicação

Este método pode ser aplicado em turmas de até 80 alunos.

Recursos necessários

Básicos: quadro e giz.

Desejáveis: computador, telão, projetor (*data show*), recursos para produção de *banners* ou cartazes e recursos audiovisuais (para exibição de filmes, músicas etc.).

Detalhamento do método

O método consiste em solicitar aos alunos leitura, análise crítica e comparativa e interpretação de textos, de dados quantitativos ou de casos, para apresentação oral em sala de aula. Esse método visa construir, ilustrar ou completar temas pertencentes ao conteúdo da disciplina, de uma forma mais participativa e crítica por parte dos alunos. Com a antecedência (tempo) necessária, o professor deverá orientar os grupos de alunos quanto à exposição temática do assunto no seminário/painel: os alunos devem buscar a contextualização do tema, a apresentação de conceitos e ideias, de autores e de dados quantitativos referentes ao assunto abordado. Devem também apresentar problemas sugeridos na pesquisa ou leituras realizadas, bem como estimular a discussão entre os presentes durante a apresentação. As fontes de pesquisa também devem ser apresentadas pelo grupo no seminário/painel. Recomenda-se ainda que o professor, antes da atividade (aula anterior), introduza o tema que será tratado, em linhas gerais, contextualizando a importância da apresentação do mesmo na disciplina.

Quanto à forma de apresentação do seminário, a exposição oral realizada pelo grupo poderá contar com recursos variados, tais como uso do quadro-negro e giz, *slides* (*PowerPoint*), fotografias, músicas e filmes, entre outros recursos e possibilidades. Os painéis comumente são apresentados na forma de cartazes elaborados ou de *banners* impressos, mas podem assumir outras formas, sempre contendo informações, imagens (planejamento gráfico) e dados que ilustrem o tema discutido, ou mesmo sintetizem seu conteúdo. Em ambos os casos (seminário e painel), o tema, seus principiais aspectos, desdobramentos e conclusões devem aparecer com clareza nas apresentações dos alunos e materiais utilizados.

Por fim, o professor, contando com o auxílio da turma e do grupo de alunos, conduzirá o esclarecimento das dúvidas, mostrando as conexões do tema tratado com a disciplina e seus pontos fundamentais.

Fatores críticos de sucesso do método

Para que esse método cumpra seus objetivos de forma eficaz, o professor deve garantir que:

- Os alunos sejam divididos em grupos e orientados sobre os temas, seus objetivos e limitações, referentes aos seminários/painéis.
- Os alunos tenham contato prévio com o tema que será abordado no seminário/painel, bem como recebam uma breve contextualização em sala de aula sobre o que será lido, pesquisado e discutido.
- Haja acesso às fontes de pesquisas para todos os alunos.
- Haja discussão sobre o tema apresentado.
- Haja clareza na turma sobre a importância de todas as dúvidas levantadas.
- Haja esclarecimento de todas as dúvidas.
- Os alunos, através da condução do professor, entendam os pontos mais relevantes (centrais) presentes no seminário para a disciplina.
- Seja criado um clima de participação e interesse sobre a atividade.

Exemplos de aplicação:

Curso	Disciplina	Tema do seminário/painel	Fontes de Pesquisa (itens básicos)	Alguns dos principais assuntos para o seminário/painel
Relações Internacionais	Relações Internacionais Contemporâneas	11 de setembro de 2001	– Capítulo 12 (*11 de setembro: o nascer trágico do século XXI*) do livro **Nova história moderna e contemporânea** (v. 3), de ARRUDA, José Jobson. – Filme *Fahrenheit – 11 de setembro* (*Fahrenheit 9/11*), de Michael Moore, 2004.	– Origens do atentado de 11/9. – Hegemonia política e econômica norte-americana. – Guerra ao terrorismo. – Intolerância religiosa e fanatismo. – Século XXI: novas agendas e conflitos.

4.3 Métodos sem dramatização – Desenvolvimento de conceitos

4.3.1 Problem Based Learning (PBL)

Adriano Pedro Bom

Overview do método

O método consiste em desenvolver competências através da resolução de problemas estruturados, cuja solução dependa da utilização de conceitos ainda não conhecidos ou estudados pelos alunos. A elaboração do problema, bem como sua forma de aplicação, devem, portanto, levar em conta o leque de competências que se deseja sejam desenvolvidas.

Situações de aplicação

Especialmente indicado para situações em que se deseja que os alunos aprendam conceitos teóricos e os associem a aplicações práticas.

Competências desenvolvidas pelo método

Muitas competências poderão ser desenvolvidas a partir desse método, conforme a estruturação do problema o determine. Em todos os casos, ao final das atividades, o aluno terá exercitado ao menos as seguintes competências:

TÉCNICAS
- Raciocínio analítico.
- Raciocínio lógico.
- Raciocínio crítico.
- Capacidade de síntese.
- Capacidade de aprender com autonomia.
- Língua estrangeira (muitas fontes de pesquisa são escritas em idioma estrangeiro).

COMPORTAMENTAIS
- Empreendedorismo.
- Flexibilidade.
- Comprometimento.

GERENCIAIS
- Gerenciamento e entrega.
- Processo de tomada de decisão

Tempo de aplicação do método

Esse tempo varia conforme a extensão do problema. A atividade pode ser realizada dentro do período de uma única aula de 100 minutos, mas o ideal é que haja a possibilidade de ao menos dois encontros. O espaço entre os encontros será destinado à pesquisa que os alunos terão de desenvolver para a solução do problema. Como sugestão, indicamos inicialmente que o método seja aplicado em dois encontros para cada problema, no mínimo.

Tamanho mínimo e máximo de turma para aplicação

Não há limites para a aplicação do método. O método deve ser utilizado em equipes. A utilização em alunos individualmente carece de uma adaptação, pois o estudante não terá colegas com quem compartilhar suas dúvidas.

Recursos necessários

Não há necessidade de recursos especiais. Entretanto, deve-se levar em conta que, ao final do processo, os conceitos deverão ser comentados com a classe, para alinhamento. Os recursos para essa etapa ficam a critério do docente.

Detalhamento do método

O que é PBL – *Problem Based Learning* (Aprendizagem Baseada em Problemas)?

Trata-se de um método que promove o aprendizado centrado no aluno, através de estímulo ao estudo/pesquisa individuais ou em grupo. O aluno assume um papel ativo e de principal responsável pelo seu aprendizado. Os professores desempenham o papel de tutores (facilitadores) dos grupos ou indivíduos participantes e sua interação com os estudantes é intensa durante todo o desenrolar do método. O professor apresenta um problema a ser solucionado, que exigirá dos alunos o aprendizado de conceitos pertinentes à ementa do curso. Ao pesquisarem e desenvolverem soluções para o problema, dá-se o aprendizado por parte dos alunos. Nessa condição, o professor não é uma fonte de soluções, mas um guia que pode orientar as equipes quanto à busca das soluções.

Como se aplica o método?

Os passos seguintes podem ser repetidos tantas vezes quantas forem necessárias.

O professor atuará sempre como um tutor. Cuidará para que os grupos cumpram o roteiro a seguir, proporá questões que auxiliem o raciocínio dos alunos e disponibilizará uma **bibliografia inicial** para que os alunos desenvolvam os primeiros passos. Importante considerar que essa bibliografia não deve cobrir todas as possibilidades, mas que, durante o processo de pesquisa, os alunos possam consultar o tutor para ter acesso a outras fontes de informação.

Os passos 2 a 5 a seguir podem ser repetidos e revistos quando novas informações estiverem disponíveis e permitirem a redefinição do problema. O passo 6 pode acontecer mais de uma vez – especialmente quando houver ênfase dos professores em irem além da "primeira solução encontrada".

1. Explore a questão

O professor introduz um problema não claramente definido. (O aluno deverá extrair da situação exposta a definição do problema a resolver.)

O aluno discute em grupo os elementos do problema e lista suas partes mais significativas, mas pode sentir que não sabe o suficiente para solucionar o problema. É justamente aí que acontecerá o aprendizado, e também onde se localiza o desafio estimulante.

O participante deverá procurar por novas informações, novos conceitos, princípios ou desenvolver novas habilidades para que consiga levar adiante o processo de solução do problema.

2. O aluno deve listar "O que sei a respeito do problema"

O que já se sabe para solucionar o problema?

Isso inclui tanto o que realmente o aluno sabe quanto o que cada um dos membros do grupo (se a solução for conduzida em grupo) sabe, para chegarem à solução.

Todas as participações dos membros do grupo devem ser consideradas, não importa quão estranhas possam parecer. Em cada consideração pode haver uma possibilidade.

3. O aluno deve desenvolver e escrever o enunciado do problema com suas próprias palavras

O enunciado de um problema deve surgir a partir da análise do grupo segundo seu conhecimento, e incluir o que será necessário para poder resolvê-lo.

Será necessário:

- Uma declaração escrita do problema.
- A anuência do grupo em relação à declaração do problema.
- Um parecer do instrutor sobre a declaração do problema (isso pode ser opcional, mas é uma boa ideia).

Nota: A declaração do problema é frequentemente revista e reeditada quando se descobrem novas informações, ou quando se descartam informações antigas.

4. Os alunos listam possíveis soluções

Os alunos elaboram uma lista das possíveis soluções, ordenando-as da mais forte para a mais fraca, segundo parecer do grupo.

Deve-se então eleger a melhor, ou a que tenha a melhor chance de ser bem-sucedida.

5. Deve-se desenvolver uma lista de ações a serem conduzidas para avaliação das possíveis soluções, assim como o cronograma de execução de tais ações

Os alunos irão refletir:

- O que devemos saber para solucionar o problema? (vide item 6 a seguir)
- Como elencamos a prioridade dessas possibilidades?
- Como essas questões se relacionam com a lista de soluções?

Todos concordam?

6. Os alunos devem listar "O que precisamos saber?"

Nesse ponto os alunos devem realizar pesquisa sobre conhecimentos e dados necessários à solução.

Também se deve procurar por informações que sejam necessárias para se completar o cenário descrito no problema, caso isso seja preciso.

Os alunos, nessa fase:

- discutem sobre possíveis recursos de pesquisa (*experts*, livros, *Web sites* etc.)
- delimitam e agendam sua forma de pesquisa, estabelecendo cronograma.

Se a pesquisa for suficiente para se desenvolver a solução do problema e se essa solução for consensual no grupo, então deve-se prosseguir para o passo 7. Do contrário, os alunos deverão retornar ao passo 4.

7. Os alunos devem redigir sua solução, incluindo toda a documentação que a embasou, e submetê-la à avaliação

Pode-se apresentar a solução à sala.

A apresentação pode incluir a declaração do problema, questões adicionais abordadas, dados obtidos, análise dos dados e considerações assumidas para as soluções com base na análise dos dados. Em outras palavras: o processo de resolução e o resultado final encontrado.

Os alunos deverão apresentar e defender suas conclusões, assim como os fundamentos em que elas se estabeleceram. Assim sendo, devem:

- Preparar uma declaração clara tanto do problema como da conclusão.
- Elaborar uma síntese do processo utilizado, opções consideradas e dificuldades encontradas.
- Vender sua ideias aos que assistirem à apresentação.
- Ajudar os demais a aprenderem com suas descobertas.

Os alunos devem compartilhar suas descobertas com professores e alunos como forma de demonstrar o que aprenderam. Se, ao apresentarem suas conclusões, uma questão não puder ser respondida por falta de conhecimento, deve-se encarar isso como desafio, e como um ponto a desenvolver.

8. Revisão do desempenho

Essa reflexão cabe tanto ao indivíduo quanto ao grupo.

Deve-se ter orgulho do que foi aprendido e vislumbrar a oportunidade de aprender nos pontos que ficaram descobertos.

9. Revisão final dos conceitos

Ao final das apresentações, o professor deverá desenvolver, a partir das descobertas dos alunos, uma abordagem conceitual final sobre as competências principais que foram apresentadas pelos alunos, bem como cobrir eventuais lacunas.

Fatores críticos de sucesso do método

- Os alunos deverão descobrir por si as respostas para o problema.
- Todos os alunos do grupo devem participar.
- O professor não deve entregar soluções aos alunos; pode, sim, esclarecer conceitos (não ensiná-los) que os alunos tenham descoberto segundo suas pesquisas.
- A bibliografia inicial deve ser escolhida principalmente com foco no entendimento do problema. Uma bibliografia complementar pode ser indicada à medida que os alunos desenvolvam os estudos e a solicitem ao professor.

4.3.2 Leitura e formulação de perguntas

Anderson César Gomes Teixeira Pellegrino

Overview do método

Esse método consiste em requerer aos alunos a formulação de perguntas sobre um texto previamente solicitado, como leitura para a aula. Uma leitura é previamente solicitada aos alunos, que deverão trazer perguntas gerais e específicas para a aula a respeito do tema lido. Caberá ao professor construir, a partir das questões elaboradas pelos alunos, a linha de raciocínio que será trabalhada, enfatizando os pontos de maior interesse na leitura e esclarecendo dúvidas levantadas. Esse método permite ao professor ensinar aos alunos como centrar sua atenção nas questões fundamentais da leitura e em suas conexões com o tema abordado na disciplina, além de permitir maior participação de todos na construção de conceitos, análises e raciocínios.

Situações de aplicação

Qualquer assunto de qualquer disciplina em que haja uma leitura relevante para o desenvolvimento de um tema.

Competências desenvolvidas pelo método

Esse método tem o poder de desenvolver as seguintes competências:

TÉCNICAS
- Ligadas ao tema escolhido para a leitura.
- Raciocínio analítico.
- Raciocínio lógico.
- Raciocínio crítico.
- Comunicação e expressão.

COMPORTAMENTAIS
- Flexibilidade.
- Comprometimento.

GERENCIAIS

- Visão global e pensamento estratégico (principal competência trabalhada no método).
- Gerenciamento e entrega.

Observação: As competências comportamentais e gerenciais dependem também do tema a ser tratado na leitura.

Tempo de aplicação do método

O tempo mínimo recomendado para a aplicação do método é de 30 minutos (relógio), oscilando conforme o volume ou a complexidade da leitura pedida.

Tamanho mínimo e máximo de turma para aplicação

Este método pode ser aplicado em turmas de até 70 alunos.

Recursos necessários

Quadro e giz.

Detalhamento do método

O método consiste em solicitar para a turma, uma leitura, presente ou não na bibliografia do curso, a respeito de um tema que será discutido em sala de aula. Esse método visa construir, ilustrar ou completar temas pertencentes ao conteúdo da disciplina, de uma forma mais participativa e crítica por parte dos alunos.

Recomenda-se que o professor, antes da discussão sobre a leitura (aula anterior), introduza o tema que será tratado, em linhas gerais, contextualizando a importância da leitura para o momento da disciplina. Já em sala (aula de discussão), recomenda-se que o professor sorteie alunos que apresentarão suas questões. O professor, contando com o auxílio da turma, conduzirá o esclarecimento das dúvidas, mostrando as conexões com a disciplina e seus pontos fundamentais.

Para criar um clima de participação e interesse, o professor pode criar um ambiente de plenária e discussão sobre a leitura, solicitando aos alunos auxílio para a condução das respostas às dúvidas levantadas. O professor deve trabalhar plenamente os temas da disciplina, ampliando os esclarecimentos feitos às questões levantadas pelos alunos.

Fatores críticos de sucesso do método

Para que o método cumpra seus objetivos de forma eficaz, o professor deve garantir que:

- Os alunos tenham contato prévio com o tema a ser abordado na leitura, bem como recebam uma breve contextualização em sala de aula, sobre o que será lido e discutido.
- Haja acesso ao texto solicitado para todos os alunos.
- Haja discussão sobre o que foi apresentado.
- Haja clareza na turma sobre a importância de todas as dúvidas levantadas.
- Haja esclarecimento de todas as dúvidas.
- Os alunos, através da condução do professor, entendam os pontos mais relevantes (centrais) presentes na leitura para a disciplina.
- Seja criado um clima de participação e interesse sobre a atividade.

Exemplos de aplicação

Disciplina	Livro (capítulo) solicitado como leitura	Alguns dos principais temas trabalhados a partir de dúvidas comuns levantadas
História das Relações Internacionais	SARAIVA, José. F. S. (Org.). *História das relações internacionais contemporâneas*. 2ª edição. São Paulo: Saraiva, 2007. Capítulo 3.	• Funcionamento da Diplomacia de Bismarck. • Novo imperialismo e partilha da África. • Surgimento do Imperialismo Americano. • Causas da I Guerra Mundial.

4.3.3 Uso de filmes

Manuela Santin Souza de Stefano

Overview do método

Esse método consiste na projeção de um filme aos alunos. Nesse método, utiliza-se a experiência de pessoas externas com temas de interesse da disciplina ou de algum assunto em destaque. A eficácia do método concretiza-se na discussão em grupos criada após a projeção do filme.

Situações de aplicação

Especialmente indicado para situações em que se deseja que os alunos aprendam conceitos teóricos e os associem com a prática.

Competências desenvolvidas pelo método

O método tem o poder de desenvolver as seguintes competências:

TÉCNICAS
- Ligadas ao tema escolhido para o caso (logística, remuneração, gestão de preços, ética etc.).
- Raciocínio analítico.
- Raciocínio lógico.
- Raciocínio crítico.
- Comunicação e expressão.

COMPORTAMENTAIS
- Flexibilidade.

GERENCIAIS
- Visão global e pensamento estratégico.

Observação: As competências comportamentais e gerenciais dependem também do tema do filme.

Tempo de aplicação do método

O tempo mínimo recomendado para a aplicação do método é o tempo do filme acrescentado de 1 hora, para discussão e debate.

É possível realizá-lo dentro do período de uma única aula, mas o ideal é que haja a possibilidade de ao menos dois encontros. O espaço entre os encontros será destinado ao debate e percepção dos alunos sobre a tese do filme.

Tamanho mínimo e máximo de turma para aplicação

Não há limites para a aplicação do método. O método deve ser utilizado em equipes. A utilização em alunos individualmente carece de uma adaptação, pois o estudante não terá colegas com quem compartilhar suas dúvidas.

Recursos necessários

Recurso audiovisual.

Detalhamento do método

O método consiste em apresentar um filme à classe que mostre, em alguma situação, o tema discutido em sala de aula. Esse método visa ilustrar o conteúdo da disciplina, de uma forma lúdica e estimulante.

Recomenda-se que o professor, antes da projeção do filme, apresente a teoria a ele relacionada. Também é essencial que o aluno conheça um breve histórico do que irá assistir, visando despertar seu interesse e motivação em relação ao filme.

Para criar um clima de descontração, pode-se incentivar os alunos a trazer pipocas e refrigerantes durante a sessão. Isso pode ser um diferencial.

Após a apresentação do filme, o professor deve criar uma plenária e discussão sobre o que foi visto, através de perguntas que elaborou previamente.

Outra atividade que também pode ser dada é um trabalho a respeito do filme (resumo, pesquisas sobre conteúdos adicionais e/ou respostas a perguntas formuladas pelo professor). Essa outra atividade é recomendada quando há limitação de tempo, ou quando o professor quer reforçar o conteúdo do filme.

Fatores críticos de sucesso do método

Para que o método cumpra seus objetivos de forma eficaz, o professor deve garantir que:

- Os alunos tenham entrado em contato com a teoria que será aplicada no filme e com um breve histórico do que será visto.
- Haja discussão sobre o que foi apresentado.
- Seja criado um clima de descontração e alegria sobre a atividade.
- Haja criatividade na busca dos filmes relacionados.

Exemplos de filmes e temas

Filme	Temas trabalhados
GIBNEY, Alex. *ENRON, os mais espertos da sala* (*ENRON: the smartest guys in the room*). EUA: Paris Films, 2005. DVD. 109 min.	Ética, cultura corporativa, auditoria, papel da alta administração, regulação e papel do estado nas corporações, finanças.
DEARDEN, James. *A Fraude* (*Rogue trader*). Inglaterra: 1999. DVD. 101 min.	Auditoria, derivativos, *compliance*, regulação, fraude.
DOCTER, Peter; SILVERMAN, David. *Monstros S.A.* EUA: Walt Disney Productions/Pixar Animation Studios, 2001. DVD. 106 min.	Custos e controle, processo de produção.
Pequenas empresas e grandes negócios. Programa semanal da TV Globo.	Negócios, finanças, ambiente empresarial.

4.3.4 Monte a frase

Marcelo Augusto Scudeler

Overview do método

O método consiste em desenvolver competências através de breves exercícios estruturados em sala de aula, cuja solução dependa da utilização de conceitos conhecidos ou não pelos alunos. A elaboração do problema, bem como sua forma de aplicação, devem, portanto, levar em conta o leque de competências que se deseja sejam desenvolvidas.

Situações de aplicação

Especialmente indicado para situações em que se deseja que os alunos aprendam conceitos teóricos, dando dinâmica para uma aula exclusivamente conceitual.

Competências desenvolvidas pelo método

Muitas competências poderão ser desenvolvidas a partir desse método, segundo aquilo que a estruturação do problema determinar. Em todos os casos, ao final das atividades, o aluno terá exercitado ao menos as seguintes competências:

TÉCNICAS
- Tema trabalhado no método.
- Raciocínio analítico.
- Raciocínio lógico.
- Capacidade de síntese.

COMPORTAMENTAIS
- Relacionamento interpessoal.

GERENCIAIS
- Visão global.
- Trabalho em equipe.
- Processo de tomada de decisão.

Tempo de aplicação do método

Esse tempo varia conforme a extensão do problema. Normalmente, será realizado dentro de um breve espaço de tempo, em sala de aula. Como sugestão, indicamos inicialmente que o método seja aplicado para os alunos solucionarem a questão em grupos.

Tamanho mínimo e máximo de turma para aplicação

Não há limites para a aplicação do método. O método deve ser utilizado preferencialmente em equipes.

Recursos necessários

Não há necessidade de recursos especiais. Entretanto, deve-se levar em conta que, ao final do processo, os conceitos deverão ser comentados com a classe para alinhamento. Os recursos para essa etapa ficam a critério do docente.

Detalhamento do método

O que é o método MONTE A FRASE?

Trata-se de um método de aplicação rápida e objetiva, que promove o aprendizado em grupo e permite a discussão sobre os conceitos teóricos desenvolvidos (ou em desenvolvimento) na disciplina.

Como se aplica o método?

Os passos seguintes podem ser repetidos tantas vezes quantas forem necessárias.

Durante o desenvolvimento de elementos teóricos da disciplina, o professor apresentará, como proposta de exercício para a assimilação ou desenvolvimento de conceitos, palavras soltas e aleatórias, para que os alunos, preferencialmente reunidos em equipes, organizem essas palavras em frases que traduzam os significados conceituais desenvolvidos na disciplina.

Exemplo:

Durante o desenvolvimento de uma aula sobre recursos, no Direito Processual, após o professor apresentar conceitos dos recursos de apelação, agravo de instrumento, embargos de declaração e embargos infringentes, para garantir a assimilação do conteúdo teórico, apresentará o seguinte problema a ser resolvido pelos alunos, preferencialmente em equipes:

Exercícios "Monte a frase": conhecidos os conceitos e fundamentos da apelação, do agravo de instrumento, dos embargos de declaração e dos embargos infringentes, agregue as palavras abaixo listadas (observe que algumas palavras serão usadas mais de uma vez e outras simplesmente não serão usadas) com o propósito de construir frases que representem o conceito dos recursos:

Recurso	Contra qual espécie de decisão	Prazo	Efeitos	Preparo	Oferecido perante	Quem julga
Apelação	Despachos	5 dias	Devolutivo	Com preparo	Primeira instância	Primeira instância
Agravo de Instrumento	Decisões interlocutórias	10 dias	Suspensivo	Sem preparo	Segunda Instância	Segunda Instância
Embargos de Declaração	Sentenças	15 dias	Interruptivo		A quo	A quo
Embargos Infringentes	Acórdão unânime				Ad quem	Ad quem
	Acórdão não unânime que reforma sentença de mérito					
	Acórdão não unânime que mantém sentença de mérito					

Exemplo de uma primeira resposta correta, usando as palavras acima:

"A **Apelação** é um recurso que se oferece contra todos os tipos de **sentenças**, no prazo de **15 dias**, que exige **preparo**, que é recebido, como regra, no **efeito devolutivo e suspensivo**. A interposição é feita perante o juízo *a quo* **(primeira instância)** e julgada pela **segunda instância (juízo *ad quem*)**."

4.3.5 Palavras cruzadas

Silvia Cristina Prado

Overview do método

O método consiste em desenvolver competências através da montagem e/ou resolução de palavras cruzadas (PC), cuja solução dependa da utilização de conceitos conhecidos ou não conhecidos pelos alunos. A forma de aplicação deve levar em conta o leque de competências que se deseja desenvolver nos alunos.

Situações de aplicação do mesmo

Especialmente indicado para situações em que se deseja que os alunos aprendam conceitos teóricos e para revisão de conteúdo.

Competências desenvolvidas pelo método

TÉCNICAS
- Raciocínio analítico.
- Raciocínio lógico.
- Capacidade de síntese.
- Capacidade de aprender com autonomia.

COMPORTAMENTAIS
- Comprometimento.
- Relacionamento interpessoal.

GERENCIAIS
- Trabalho em equipe.
- Gerenciamento e entrega.
- Processo de tomada de decisão.

Tempo de aplicação do método

Pode variar, dependendo do modelo adotado pelo professor.

Modelo A: os alunos montam em grupo as palavras cruzadas e depois trocam com outro grupo para solucioná-las; nesse caso, recomenda-se utilizar 1 aula (100 min).

Modelo B: o professor monta a palavra cruzada e os alunos, individualmente ou em grupo, devem solucionar a palavra cruzada; nesse caso, recomenda-se no mínimo 30 minutos.

Tamanho mínimo e máximo de turma para aplicação

Não há limites para a aplicação do método. O método pode ser implantado em grupo ou individualmente.

Recursos necessários

Lápis, borracha e régua. Além disso, deve-se levar em conta que os alunos poderão necessitar da bibliografia do curso, tanto para a resolução, como para a elaboração das palavras cruzadas.

Detalhamento do método

O que são palavras cruzadas?

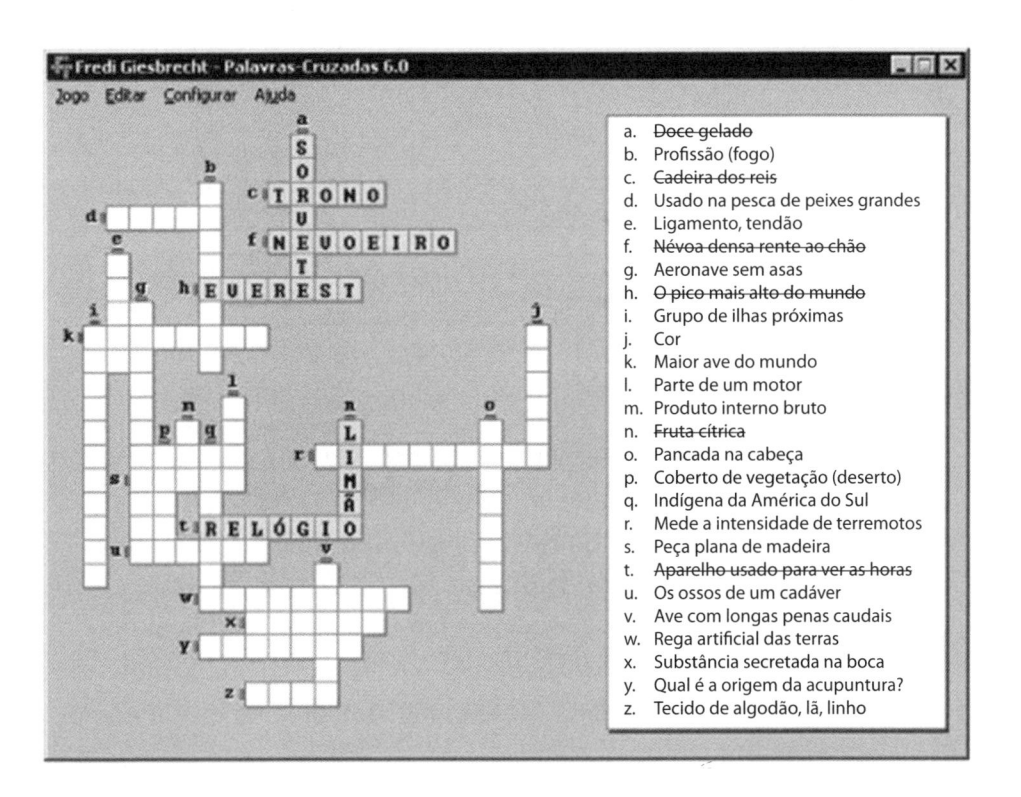

```
Fredi Giesbrecht - Palavras-Cruzadas 6.0
Jogo  Editar  Configurar  Ajuda
```

a. ~~Doce gelado~~
b. Profissão (fogo)
c. ~~Cadeira dos reis~~
d. Usado na pesca de peixes grandes
e. Ligamento, tendão
f. ~~Névoa densa rente ao chão~~
g. Aeronave sem asas
h. ~~O pico mais alto do mundo~~
i. Grupo de ilhas próximas
j. Cor
k. Maior ave do mundo
l. Parte de um motor
m. Produto interno bruto
n. ~~Fruta cítrica~~
o. Pancada na cabeça
p. Coberto de vegetação (deserto)
q. Indígena da América do Sul
r. Mede a intensidade de terremotos
s. Peça plana de madeira
t. ~~Aparelho usado para ver as horas~~
u. Os ossos de um cadáver
v. Ave com longas penas caudais
w. Rega artificial das terras
x. Substância secretada na boca
y. Qual é a origem da acupuntura?
z. Tecido de algodão, lã, linho

Palavras cruzadas são formadas por vários quadrados em branco, alguns na vertical e outros na horizontal, que se cruzam uns com os outros. Cada linha deve ser preenchida por uma palavra, e cada palavra deve ser descoberta através de dicas que acompanham as cruzadas. Ao se preencher uma das linhas, automaticamente se preenchem alguns quadrados das outras linhas que a cruzam, tornando mais fácil sua resolução.

Como se aplica o método?

Modelo A

- O professor deverá avisar, com uma aula de antecedência, qual bibliografia os alunos deverão trazer para consulta.
- No dia da atividade, o professor deverá dividir os alunos em grupo e explicar a dinâmica do Método PC, estabelecendo o tempo para cada etapa da atividade.
- Nesse modelo, os alunos desenvolvem em grupo as palavras cruzadas e depois trocam com outro grupo, que deverá solucioná-las.

A seguir, a recomendação de tempo para cada etapa (aproximadamente).

Atividade	Tempo aproximado
Desenvolvimento das PC pelos grupos	40 min
Troca das PC e resolução	30 min
Correção das PC pelos grupos	30 min

Modelo B

- O professor montará as palavras cruzadas e trará para os alunos solucionarem em sala (grupo ou individual).
- O uso da bibliografia do curso para consulta na hora da resolução da PC dependerá do grau de dificuldade da mesma. Caso necessário, o professor deverá avisar os alunos para trazerem a bibliografia indicada para a atividade.
- A resolução da PC poderá ser feita individualmente ou em grupo.
- Ao final do processo, a PC deverá ser comentadas/corrigida com a classe para alinhamento dos conceitos.

Veja a seguir a recomendação de tempo para cada etapa (aproximadamente).

Atividade	Tempo Aproximado
Resolução das PC	20 min
Correção das PC	20 min

Fatores críticos de sucesso do método

- Os alunos deverão ser avisados sobre a necessidade de trazer a bibliografia do curso com uma aula de antecedência.
- Todos os alunos do grupo devem participar.
- O professor não deve emitir a sua opinião sobre qual é a melhor pergunta para a PC.
- O professor deverá realizar a correção final da PC com a participação da sala.

DICA

Site que monta palavras cruzadas; basta incluir repostas e perguntas. Disponível em: <http://puzzlemaker.discoveryeducation.com/CrissCrossSetupForm.asp>.

4.3.6 Cool hunting

Sylvia Helena Furegatti

***Overview** do método*

Cool hunting é uma área de conhecimento que tem por definição a renovação constante de ideias, formatos, referências e dados, destinados à criação e/ou atualização de produtos e serviços para os consumidores desse mundo globalizado. Trata-se, portanto, de uma tendência tanto mercadológica quanto sociocultural que apresenta um tipo de profissional de pesquisa e investigação qualitativa de tendências.

Algumas áreas profissionais têm ganhado destaque crescente por conta de sua aspiração às tendências, como é o caso do *design*. Contudo, o alerta para a diferenciação na qualidade, presteza, funcionalidade e atualidade dos serviços no mundo atual promove a rápida interação de todas as demais áreas profissionais, educacionais e científicas que passam a se voltar para esse campo de estudo e trabalho.

Pautado pelo viés da pesquisa qualitativa, o *cool hunter* ouve, absorve e filtra opiniões, desejos e tendências que são transformados em negócios. O *cool hunter* trabalha para estabelecer informações sobre produtos, serviços, ideias que são mensuradas de modo inovador à pesquisa quantitativa formada por porcentagens e números exatos, de modo a fundir atributos antes separados, tais como: pragmatismo e inspiração, assertividade e senso de oportunidade.

O processo de trabalho do *cool hunter* dá ênfase à atenção para informações cotidianas, urbanas, visuais, advindas necessariamente de fontes tão dispersas quanto diversas, fontes antes ignoradas ou desconhecidas, com as quais o *cool hunter* estabelece novos parâmetros de trabalho e respostas. Contém excelente sinergia com a dinâmica das redes sociais *on line* e *off line*.

Assim anunciado por seus autores mais renomados, o método de pesquisa do *cool hunting* emprega uma analogia com os 4 P's de Marketing e elabora seus campos exploratórios a partir de renovados **4 P's do cool hunting**: **P**leople, **Pl**ace, **Pl**an e **P**rojects.

Situações de aplicação

Especialmente indicado para situações nas quais se deseja que os alunos apreendam conceitos teóricos advindos da prática da observação de tendências.

Competências desenvolvidas pelo método

O método permite o desenvolvimento de uma ampla gama de competências. Dentre elas, destacam-se:

TÉCNICAS

- Raciocínio analítico.
- Raciocínio crítico.
- Capacidade de síntese.
- Capacidade de aprender com autonomia.
- Língua estrangeira (muitas fontes de pesquisa são escritas em idioma estrangeiro).

COMPORTAMENTAIS

- Relacionamento interpessoal.
- Consciência e diversidade intercultural.
- Empreendedorismo.
- Flexibilidade.

GERENCIAIS

- Processo de tomada de decisão.
- Liderança.
- Trabalho em equipe.

Tempo de aplicação do método

Esse tempo varia conforme a extensão do problema proposto. Contudo, a sugestão inicial para sua melhor implantação é a de um período de três encontros consecutivos, aulas de 100 minutos cada.

Tamanho mínimo e máximo de turma para aplicação

Não há limites para a aplicação do método. O método deve ser utilizado em equipes.

Recursos necessários

Além dos equipamentos usualmente disponíveis em sala, os recursos necessários para esse método variam de acordo com o tema/problema proposto. A dinâmica sugere o recurso da Internet (laboratório de Internet ou *wireless*) e do espaço de convívio informal dos alunos e outros grupos dentro e fora da escola.

Detalhamento do método

1ª Etapa – Seleção do(s) módulo(s) da disciplina onde será aplicado o método.
2ª Etapa | AULA 1
– Lançamento da chave de trabalho: ***"Tendências em......"***.
– Apresentação do cronograma específico e da lista de artigos e textos referentes.
– Organização dos grupos de trabalho.
3ª Etapa | AULA 2
– Contextualização formal/oficial/clássica sobre o tema do módulo (40 min).
– Discussão nos grupos acompanhada de uma observação panorâmica pelo professor.
4ª Etapa | AULA 3
– Pesquisa/infiltração nos grupos *on line* e *off line* para a continuidade da pesquisa.
5ª Etapa | AULA 4
– Apresentação pelos grupos dos resultados encontrados (sugere-se decidir por um formato que compreenda inovação e criatividade).
– Considerações do professor sobre as descobertas feitas e eleição do *early adopter local* de cada grupo (conceito apresentado somente nesse momento da aplicação do método).

Contextualização do método nas disciplinas ESAMC

Baseado no forte senso de pesquisa qualitativa previsto por esse método, o professor elabora um módulo a ser trabalhado em sala de aula a partir da chave: ***tendência***.

Lançada a chave de trabalho, determinado e anunciado o período de tempo/aulas nas quais esse método se desenvolverá, o professor estabelece pequenos grupos de *cool hunters* que vão trabalhar juntos naquele período. Apresenta em sala de aula uma primeira lista de artigos e textos referentes ao assunto do módulo que são considerados clássicos, formais, oficiais.

Em sala faz a apresentação resumida desses principais pontos e promove o trabalho nos grupos. Cada grupo de alunos deve analisar as 3 principais diretrizes estabelecidas pelo assunto do módulo e realizar uma pesquisa na *Web* sobre o assunto, infiltrando-se como um *undercover cool hunter* em *chats*, páginas e *sites* pessoais, *blogs*, grupos variados de discussão ligados direta ou indiretamente ao assunto. Nessa infiltração, a busca deve contemplar alguns cuidados: manter-se incógnito, promover a discussão que prevê, de fato, a pesquisa sobre o grau de conhecimento, acompanhamento e concordância desses grupos/indivíduos sobre o tema de seu interesse, bem como suas sugestões de tendência que derivam dessa conversa.

Partindo desses dados, em sala de aula, o professor acompanha a discussão dos grupos sobre as tendências estudadas e os conceitos formais daquele módulo e estabelece novos campos de comparação diametralmente opostos, seja pelo gosto, seja pelo preço, seja pelo tempo que anuncia ou separa as ideias em questão. As ideias são listadas e trabalhadas como tendências a serem observadas ao longo do semestre. Podem mesmo fazer parte de prova futura, na qual se verifica o acompanhamento ou não dessas informações.

Para motivar o grupo, apresenta, ao fim da tarefa em sala, o conceito de *early adopter*: indivíduo que, naquela situação de pesquisa, pode ser um dos primeiros a adotar aquele tipo de comportamento. Elaboradas as novas linhas de tendência, o professor realiza uma votação na turma, buscando identificar nesse grupo o(s) aluno(s) que mais cedo iniciou/iniciaram aquele tipo de tendência estudada e verificada pelo método *cool hunting*.

Fatores críticos de sucesso do método

Para que esse método cumpra seus objetivos de forma eficaz, o professor deve garantir:

- Ampla divulgação do contexto do método, bem como cronograma e textos específicos.
- Que o módulo selecionado permita seu desdobramento em pesquisa de tendências.
- O controle cuidadoso do tempo de cada etapa para que o processo inteiro seja finalizado.

- A atenção dos alunos para a diversidade na busca das fontes de informação.
- Que o professor não emita a sua opinião sobre qual é a melhor solução para o problema.
- Que a apresentação do conceito *cool hunting*, bem como sua correlação com o módulo selecionado, seja feita no início do processo de trabalho.
- Que a apresentação do conceito de *early adopter* seja feita somente na finalização do módulo/processo de trabalho.

Alguns exemplos de aplicação em distintas disciplinas

Exemplo 1: O módulo discute a implantação da Nova Regra Ortográfica no Brasil. Os compêndios oficiais criados ainda não foram distribuídos para as escolas ou demais instituições públicas e as editoras veem aí uma oportunidade para lançar cartilhas que solucionem os problemas imediatos dessa transformação. Depois da apresentação das referências formais, os alunos infiltrados como *undercover coolhunters* estabelecem contatos com grupos, ao vivo ou *on line*, para descobrir seus pontos de vista, lideranças e formadores de opiniões, opiniões informais sobre o tema. Esse material é levado à sala de aula para, no grupo, estabelecer-se a elaboração de propostas para a implantação da Nova Regra Ortográfica a partir das descobertas de tendência elaboradas nesse meio do caminho. Verifica-se nos cadernos dos alunos quem tem se destacado por seguir as inovações da regra, configurando-se, assim como um provável *early adopter* local.

Exemplo 2: O módulo discute os investimentos em poupança no Brasil dos últimos anos. Inclui em seus estudos a apresentação e questionamentos sobre a validade e viabilidade da *calculadora do cidadão* proposta pelo *site* oficial do Banco Central do Brasil (disponível em: <https://www3.bcb.gov.br/CALCIDADAO/jsp/index.jsp>). Depois da apresentação das referências formais, articulações ideológicas, sociais ou cálculos devidos e demais elementos que conduzem a técnica do problema, os alunos infiltrados como *undercover cool hunters* estabelecem contatos com grupos, ao vivo ou *on line*, para descobrir seus pontos de vista, lideranças e formadores de opiniões, opiniões informais sobre o tema. Esse material é levado à sala de aula para, no grupo, estabelecer-se a elaboração de propostas para a implantação de novas ferramentas acessíveis à população. Verifica-se, no grupo, quem dali investe em poupança ou mesmo conhecia os mecanismos existentes, configurando-se, assim, como um provável *early adopter* local.

Exemplo 3: O módulo discute as atualizações nas leis governamentais e o problema do acesso à informação x agilidade nos processos oficiais. Apresenta os exemplos dos *sites* **.gov** e os últimos investimentos na ampliação dos serviços *on line* que podem gerar transparência para a gestão pública nacional. Atento para a preocupação entre transparência e sigilo nas operações governamentais, o professor apresenta documentos nacionais e internacionais que divulgam o conceito de *Governo Aberto* ou *Governo 2.0*. Depois da apresentação das referências formais, articulações ideológicas, sociais que conduzem o problema, os alunos infiltrados como *undercover cool hunters* estabelecem contatos com grupos, ao vivo ou *on line*, para descobrir seus pontos de vista, lideranças e formadores de opiniões, opiniões informais sobre o tema. Esse material é levado à sala de aula para, no grupo, estabelecer-se a elaboração de propostas para a implantação de novos documentos **.gov** acessíveis à população. Verifica-se, no grupo, quem dali conhecia e já utilizou algum dos mecanismos existentes, configurando-se, assim, como um provável *early adopter* local.

Para mais pesquisas:

CALDAS, Dário. *Observatório de sinais*. Rio de Janeiro: Senac Rio, 2004.

Cool hunting. Disponível em: <www.scienceofthetime.com – *The art of Cool*>.

Cool hunting. Disponível em: <http://www.thecoolhunter.net/>.

Cool hunting. Disponível em: <http://en.wikipedia.org/wiki/Coolhunting#Undercover_coolhunters>.

The Cool hunter. Disponível em: <http://www.thecoolhunter.net/>.

4.3.7 Adaptação de jogos infantis – WAR

Eliane El Badouy Cecchettini

Overview do método

Esse método consiste, como o próprio nome diz, na adaptação de um jogo bastante conhecido. A ideia é a utilização de recursos lúdicos de jogos já conhecidos desde a infância e que fazem parte do universo desses jovens, a fim de tornar temas complexos mais palatáveis e de fácil memorização. A ideia é estimular o aprendizado através da simulação da realidade.

Situações de aplicação

Qualquer disciplina em que haja situações relacionadas à dinâmica dos jogos como memorização, reconhecimento de conceitos, desenvolvimento de estratégia empresarial, marketing e competição mercadológica.

Competências desenvolvidas pelo método

Este método tem o poder de desenvolver as seguintes competências:

TÉCNICAS

- Ligadas ao tema escolhido para o caso (Ex.: estratégia, administração de recursos e adversidades).
- Raciocínio analítico.
- Raciocínio lógico.
- Raciocínio crítico.
- Comunicação e expressão.

COMPORTAMENTAIS

- Empreendedorismo.
- Ética.
- Equilíbrio emocional.
- Flexibilidade.
- Relacionamento interpessoal.
- Consciência e diversidade cultural.

GERENCIAIS
- Visão global e pensamento estratégico.
- Liderança.
- Gestão de pessoas e conflitos.
- Trabalho em equipe.
- Processo de vendas e negociação.
- Processo de tomada de decisão.

Tempo de aplicação do método

O tempo mínimo recomendado para a aplicação do método é de 1 hora, acrescentado de 30 minutos, para discussão e argumentação.

Tamanho mínimo e máximo de turma para aplicação

Este método pode ser aplicado em turmas de até 50 alunos divididos em equipes.

Recursos necessários

- Tela ou tabuleiro que simule um escopo territorial a ser conquistado.
- Cartões com tarefas.
- Peças ou pinos que identifiquem as equipes/empresas.
- Peças ou pinos que simbolizem os instrumentos de dominação de território.

Detalhamento do método

Regras do jogo

Esse é um jogo criado para ser jogado por 3 e no máximo 6 jogadores (que podem ser representados por equipes ou individualmente). Dificilmente um jogador conseguirá ganhar o jogo baseado somente na sorte: é necessário uma boa dose de estratégia para ser vencedor.

Vence o jogo aquele que atingir o objetivo que lhe couber. Este objetivo só é conhecido pelo próprio jogador, que em princípio deve usar essa vantagem.

Recomenda-se que se tente jogar à medida em que vão-se lendo as regras, de modo a facilitar a compreensão dos mecanismos de WAR.

Componentes do jogo

O jogo compõe-se de:

- Um tabuleiro com um mapa contendo 6 continentes, cada um deles dividido em um determinado número de territórios.
- 6 conjuntos de peças de cores diferentes, que representarão os exércitos ou recursos dos jogadores. O valor de cada peça é:
  - 1 ficha pequena = 1 exército (ou recurso adaptado à disciplina);
  - 1 ficha grande = 10 exércitos (ou recursos adaptados à disciplina);
  - 6 recipientes que devem ser usados individualmente;
  - 14 cartas especiais: cartas de objetivos.
- 44 cartas de jogo, sendo:
  - 42 representando cada uma um território combinado com uma figura geométrica (quadrado, triângulo e círculo);
  - 2 coringas (contendo as 3 figuras geométricas).
  - 6 dados, sendo:
    - 3 vermelhos usados para os ataques;
    - 3 amarelos usados para as defesas.

EXÉRCITOS [ou EMPRESA adaptada à disciplina]

Cada jogador escolhe o exército [ou EMPRESA] da cor que lhe agrade dentro das 6 possíveis (branco, preto, vermelho, azul, amarelo e verde).

OBJETIVOS

Cada jogador receberá 1 objetivo dentre os 14 existentes, tomando conhecimento do seu teor e evitando revelá-lo aos seus adversários.

É recomendado aos jogadores que estão se iniciando no jogo que antes do sorteio seja feita uma leitura de todos os objetivos possíveis.

Observação: No caso do número de jogadores ser inferior a 6, os objetivos relacionados com os exércitos não participantes devem ser excluídos do sorteio.

A seguir todos os objetivos do jogo:

- Conquistar na totalidade a EUROPA, a OCEANIA e mais um terceiro.
- Conquistar na totalidade a ÁSIA e a AMÉRICA DO SUL.
- Conquistar na totalidade a EUROPA, a AMÉRICA DO SUL e mais um terceiro.
- Conquistar 18 TERRITÓRIOS e ocupar cada um deles com pelo menos dois exércitos.
- Conquistar na totalidade a ÁSIA e a ÁFRICA.
- Conquistar na totalidade a AMÉRICA DO NORTE e a ÁFRICA.
- Conquistar 24 TERRITÓRIOS à sua escolha.
- Conquistar na totalidade a AMÉRICA DO NORTE e a OCEANIA.
- Destruir totalmente OS EXÉRCITOS AZUIS.
- Destruir totalmente OS EXÉRCITOS AMARELOS.
- Destruir totalmente OS EXÉRCITOS VERMELHOS.
- Destruir totalmente OS EXÉRCITOS PRETOS.
- Destruir totalmente OS EXÉRCITOS BRANCOS.
- Destruir totalmente OS EXÉRCITOS VERDES.

O jogo

Cada jogador passa, na sua vez, tanto na primeira como em todas as outras rodadas, pelas seguintes etapas, nesta ordem:

a) receber novos exércitos [ou recursos adaptados à disciplina] e os colocar de acordo com a sua estratégia;

b) se desejar, atacar os seus adversários;

c) desloca seus exércitos [ou recursos adaptados à disciplina] se houver conveniência e de;

d) receber uma carta se fizer jus a isso.

Observação importante: Cada fase do jogo está explicada detalhadamente nos itens a seguir. Quando houver dúvida sobre algumas destas fases, volte e leia novamente a seção correspondente, onde está a explicação.

Colocação de exércitos [ou recursos adaptados à disciplina]

O jogador, no início de sua jogada, recebe exércitos da seguinte forma: soma-se o número total de seus territórios e divide-se por 2, sendo considerada somente a parte inteira do resultado.

Exemplo: se o jogador possuir 8 territórios, então ele receberá 4 exércitos. Se possuir 11 territórios, receberá 5 exércitos.

O jogador deverá colocar neste momento todos os exércitos recebidos, em um ou mais de seus territórios, conforme seja a sua estratégia. Em seguida, pode-se ou não atacar algum adversário, tentando conquistar mais territórios.

Se, no início da sua vez de jogar, o jogador possuir por inteiro um continente, ele receberá, além dos exércitos a que fizer jus, outros exércitos de acordo com os valores da Tabela de Exércitos por Continentes. Os exércitos recebidos pela posse de um continente deverão ser distribuídos obrigatoriamente nos territórios do próprio continente.

Exemplo: supondo-se que o jogador possua 19 territórios, sendo 15 espalhados por vários continentes e a América do Sul inteira (4 territórios) ele receberá no início de sua jogada:

- número de territórios possuídos: 15 + 4 = 19;
- número de exércitos a receber: 9 + 2 = 11;

  sendo que os 2 correspondentes à América do Sul devem ser colocados nesse continente.

Observação 1: O número mínimo de exércitos a receber é sempre 3, mesmo no caso de o jogador possuir menos de 6 territórios.

Observação 2: No início da jogada, o participante deve receber exércitos a partir do número de territórios possuídos, e, conforme for o caso, receber mais exércitos se possuir um continente por inteiro, ou se puder, trocar as cartas (explicações na seção conquista de cartas).

Ataques

É necessário que haja pelo menos 1 exército em cada território ocupado. Assim, para atacar a partir de um território, são necessários ao menos 2 exércitos neste mesmo território.

O exército de ocupação não tem o direito de atacar.

Regras

1) O ataque, a partir de um território qualquer possuído, só pode ser dirigido a um território adversário que tenha fronteiras em comum (território contíguo) ou ligado através de um pontilhado (como a Terra é redonda, pode-se atacar Vladivostok a partir do Alaska e vice-versa).

2) O número de exércitos que poderá participar de um ataque será igual ao número de exércitos situados no território atacante menos um, que é o exército de ocupação.

3) O número máximo de exércitos participantes em cada ataque é de 3, mesmo que o número de exércitos possuídos no território seja superior a 4.

4) Um jogador pode atacar tantas vezes quantas quiser para conquistar um território adversário, até ficar só um exército no seu território ou, ainda, até quando achar conveniente não atacar.

5) Na sua vez de jogar, cada participante pode realizar ataques partindo de um ou vários territórios, de acordo com a sua estratégia. Se ele quiser atacar mais de um território, deve indicar antes de qual território vai partir o ataque e contra qual território será feito. Uma vez finalizado o 1º ataque, poderá iniciar outro ataque a partir do mesmo ou outro território que lhe pertença.

6) O número de exércitos que a defesa pode usar, em cada batalha, é de no máximo 3 e no mínimo 1 (podendo utilizar inclusive o exército de ocupação).

7) O jogador atacante jogará com tantos dados quantos forem os seus exércitos participantes da batalha, o mesmo ocorrendo com o jogador da defesa. Assim, se o atacante usar 3 exércitos contra um da defesa, ele jogará 3 dados contra um do defensor.

Contagem dos dados

8) Após uma batalha, a decisão de quem ganha e quem perde exércitos é feita da seguinte forma: compara-se o maior ponto do dado atacante (vermelho) com o maior ponto do dado defensor (amarelo) e o maior deles ganha, sendo que o empate é sempre da defesa. Em seguida, compara-se o 2º maior ponto do atacante com o 2º maior do defensor, e a decisão de vitória é como no caso anterior. Por fim, comparam-se os menores valores, com base na mesma regra.

Exemplos:

a) No caso de o atacante possuir 4 exércitos no seu território e o defensor 3, ambos poderiam jogar com 3 dados. Supondo-se que o atacante tivesse tirado 5, 4 e 1 e o defensor 6, 3 e 1, a comparação seria feita da seguinte forma:

Ataque Defesa Vencedor

Maior 5 6 Defesa

2º 4 3 Ataque

Menor 1 1 Defesa

Como se vê, o atacante teria vencido uma jogada e perdido duas, ou então, em outras palavras, teria perdido 2 exércitos e o defensor 1 exército.

Assim, o território do atacante, que tinha 4 exércitos, passou a ficar com 2 e do defensor que tinha 3, ficou com 2. Se houvesse interesse, o atacante poderia atacar com 1 exército contra 2 da defesa.

b) Atacante: 3 exércitos – Defesa: 1 exército. O atacante pode jogar 2 dados contra 1 da defesa. Supondo-se que os pontos tenham sido: ataque 3 e 2; defesa 6, deve se comparar o maior ponto do ataque (3), com o maior ponto da defesa (no caso, só um único valor, 6). A vitória caberia à defesa, retirando do ataque uma de suas peças (notar que o atacante só deve retirar uma peça).

c) Atacante com 10 exércitos e defensor tem 4 exércitos. Nesta caso, como já foi visto, cada um poderá usar, em cada batalha, um máximo de 3 exércitos.

Supondo-se que os valores dos dados tenham sido:

Ataque: 6, 3 e 2 – Defesa: 5, 4 e 2.

O resultado seria: uma vitória do ataque contra duas da defesa. Portanto, restaria ao atacante 8 exércitos, e, ao defensor, 3. Se o atacante quiser, ele pode continuar atacando, jogando novamente 3 dados contra 3 da defesa.

Supondo-se que os resultados sejam:

Ataque: 5, 3 e 2 – Defesa: 4, 2 e 1.

O atacante teria 3 vitórias, devendo a defesa retirar os seus 3 últimos exércitos do território.

Conquista de territórios

Se após a batalha o atacante destruir todos os exércitos do território do defensor, terá então conquistado o território e deverá, após a conquista, deslocar seus exércitos atacantes para o território conquistado. Esse deslocamento obedece à seguinte regra: o número de exércitos a ser deslocado neste instante é igual, no máximo, ao número de exércitos que participou do último ataque.

No exemplo "**b**" ele poderia deslocar 1 ou no máximo 2 exércitos, enquanto que no exemplo "**c**" ele poderia deslocar, 1, 2 ou, no máximo, 3 exércitos.

Se, após conquistar um território, o atacante quiser, poderá deslocar seus exércitos para o território conquistado, respeitando a regra anterior, e a partir do território conquistado realizar novo ataque.

Remanejamentos

Ao finalizar seus ataques o jogador poderá, de acordo com a sua estratégia, efetuar deslocamentos de exércitos entre os seus territórios contíguos.

Tais deslocamentos devem obedecer às seguintes regras:

1) Em cada território deve permanecer sempre pelo menos um exército (de ocupação) que nunca pode ser deslocado.

2) Um exército pode ser deslocado uma única vez, isto é, não se pode deslocar um exército para um território contíguo e deste para outro, também contíguo, numa mesma jogada.

Por exemplo, supondo-se que o jogador possua o Brasil, a Venezuela e o México, ele poderá deslocar seus exércitos do Brasil para a Venezuela, mas não poderá deslocar, na mesma jogada, estes mesmos exércitos da Venezuela para o México.

Conquista de cartas

Se, durante a sua jogada, o jogador conseguir conquistar um ou mais territórios, terá direito a receber uma carta ao final da jogada, após ter realizado os deslocamentos. É importante notar que, por jogada, só se recebe uma única carta-território. O conteúdo desta carta deve ser mantido em segredo até o momento apropriado de sua troca.

As cartas-territórios, quando devidamente combinadas, dão direito, no início da jogada, a receber um certo número de exércitos de acordo com a Tabela I, que está impressa no tabuleiro.

Exemplo: O primeiro jogador que trocar recebe 4 exércitos; o segundo jogador a trocar recebe 6, o terceiro 8 etc. As trocas de cartas por exércitos não se referem às trocas do jogador, mas sim às trocas do jogo.

Para se trocar cartas por exércitos é necessário que o jogador possua no mínimo 3 cartas que obedeçam à seguinte regra de combinação: possuir 3 figuras geométricas distintas, ou então 3 figuras geométricas iguais. No entanto, o jogador não é obrigado a fazer a troca quando tiver feito uma das combinações descritas; isso vai depender do seu interesse no momento. No caso, porém, de o jogador possuir 5 cartas, ele será obrigado, na sua vez de jogar, a trocar cartas por exércitos.

Finalmente, se ao trocar as cartas o jogador possuir o território nela indicado, receberá mais 2 exércitos obrigatoriamente colocados naquele território.

Notas:

1) É importante a conquista de uma carta a cada jogada, pois as cartas dão direito ao recebimento de mais exércitos.

2) As cartas trocadas são colocadas à parte do jogo. Quando todas as cartas tiverem sido distribuídas, devem ser recolhidas, embaralhadas e recolocadas em jogo, constituindo-se um novo "monte".

Eliminação de um concorrente

Se, durante o decorrer do jogo, um participante destruir por completo um outro, não sendo este o seu objetivo (caso em que teria ganho o jogo), recebe as cartas do jogador que foi destruído e pode usá-las para troca, combinando ou não com as suas, ao final da sua jogada. Se não o fizer, poderá guardar as caras e usá-las em outra oportunidade, desde que não guarde mais de 5 cartas.

Por exemplo, supondo-se que o jogador A, que tem 1 carta, destrua o B, que possuía 3; ele poderá, por ocasião do fim da sua jogada, combinar 4 cartas e, conforme o resultado, trocá-las. No caso de não conseguir trocar, como ele conquistou um território, receberá no final de sua jogada mais uma carta, e no início da sua próxima jogada poderá trocar as cartas.

Final do jogo

O jogo termina quando um jogador atingir o seu objetivo. Nesse momento, ele deverá mostrar a sua carta-objetivo, comprovando sua vitória.

Resumo das fases do jogo

Em cada vez de jogar, o participante pode:

1º RECEBER NOVOS EXÉRCITOS em função dos territórios possuídos.
2º COLOCAR ESSES EXÉRCITOS de acordo com a sua estratégia.
3º EFETUAR OS SEUS ATAQUES.
4º DESLOCAR SEUS EXÉRCITOS, se desejar.
5º RECEBER UMA CARTA-TERRITÓRIO, se conseguir conquistar ao menos um território.

Fatores críticos de sucesso do método

Para que este método cumpra seus objetivos de forma eficaz, o professor deve garantir que:

- Os alunos tenham entrado em contato com a teoria que será aplicada no jogo.
- Haja discussão sobre o que foi apresentado.
- Seja criado um clima de descontração e alegria sobre a atividade.
- Haja criatividade do professor na adaptação do jogo, encontrando nomes de empresas e marcas contemporâneas em real atividade de competição.

4.4 Métodos sem dramatização – Aplicação de conceitos

4.4.1 Quizz show

Eliane El Badouy Cecchettini

Overview do método

Esse método consiste num jogo de perguntas e respostas, através do estímulo competitivo, rapidez de raciocínio e velocidade de resposta.

Situações de aplicação

Qualquer disciplina em que haja situações relacionadas ao reconhecimento de conceitos e capacidade de memorização e entendimento teórico.

Competências desenvolvidas pelo método

Se bem aplicado, esse método pode auxiliar a desenvolver as seguintes competências:

TÉCNICAS
- Ligadas ao tema escolhido para o caso.
- Raciocínio analítico.
- Raciocínio lógico.
- Raciocínio crítico.
- Comunicação e expressão.

COMPORTAMENTAIS
- Ética.
- Equilíbrio emocional.
- Flexibilidade.
- Relacionamento interpessoal.
- Consciência e diversidade cultural.

GERENCIAIS
- Liderança.
- Gestão de pessoas e conflitos.

- Trabalho em equipe.
- Processo de tomada de decisão.

Tempo de aplicação do método

Esse tempo varia conforme a quantidade de questões a serem feitas e da quantidade de grupos que se consiga montar. Pode-se realizá-lo dentro do período de uma única aula de 100 minutos.

Tamanho mínimo e máximo de turma para aplicação

Não há limites para a aplicação do método. O método pode ser utilizado em equipes ou em alunos individualmente, variando de acordo com o tamanho e dinâmica da sala.

Recursos necessários

Não há necessidade de recursos especiais. Os recursos para essa etapa ficam a critério do docente.

Detalhamento do método

Nesse caso específico, 2 são os objetivos com essa atividade:

- CONHECIMENTO: recordação e/ou reconhecimento de informações, ideias e princípios na forma (aproximada) em que foram aprendidos.
- COMPREENSÃO: tradução, compreensão ou interpretação da informação com base em conhecimento prévio.

Preparação

1. Escolha as questões dentro de um nível de dificuldade adequado para sua classe.
2. Desenhe uma tabela de pontuação na placa, por exemplo, como a seguir:

Equipe A	Equipe B

3. Divida a turma em equipes e, em seguida, decida com a classe quantos pontos são necessários para vencer (seis a dez pontos funciona melhor).
4. Para começar, leia a primeira pergunta da primeira categoria (isto é, relativa ao seu conteúdo). Se um membro de uma das equipes acha que eles podem responder, levantam suas mãos e devem dar sua resposta de imediato. Se ele estiver correto, sua equipe ganha um ponto. Se não estiver correto, a outra equipe tem trinta segundos (ou o que parecer um período de tempo razoável) para tentar responder. Se responder corretamente, ganha um ponto. Se o time não responder corretamente, o concorrente marca ponto e o professor dará a resposta correta.
5. O jogo continua a se desenrolar enquanto o professor faz uma pergunta de cada categoria de cada vez, conforme quantidade de perguntas predefinida. O jogo termina quando uma equipe atinge o número de pontos maior.

Dicas importantes

Se ninguém responder a uma pergunta durante um minuto, dar a resposta e continuar como de costume. Se preferir, peça a um membro de sua classe para atuar como "mestre quiz", enquanto você simplesmente observa, ajudando quando necessário.

Fatores críticos de sucesso do método

Para que esse método cumpra seus objetivos de forma eficaz, o professor deve garantir que:

- Os alunos tenham entrado em contato com a teoria que será aplicada no jogo.
- Haja discussão sobre o que foi apresentado.
- Seja criado um clima de descontração e alegria sobre a atividade.
- Haja criatividade do professor na adaptação da teoria às questões.

Exemplo do método aplicado a uma disciplina

Ex.: Mídia *quizz*

Dentro dos conteúdos trabalhados em Mídia I, teoricamente e na prática, um aluno de uma determinada equipe, após sorteio, escolhe uma categoria:

- História da mídia.
- Fórmulas.
- Características dos meios.
- Características dos veículos.
- Critérios de seleção.
- Instrumentais de mídia.

Após a respectiva categoria ser escolhida, a pergunta é feita e a equipe tem 1 minuto para responder. Se acertar, ganha ponto (conforme acordado antes do início). Se errar, outro grupo pode arriscar responder em 30 segundos. Se responder corretamente, ganha um ponto. Se o time não responder corretamente, o concorrente marca ponto e o professor dará a resposta correta.

4.4.2 Caça-erros

Manuela Santin Souza de Stefano

Overview do método

Esse método consiste em colocar erros de conceito ou de aplicação num determinado texto para que os alunos identifiquem o que há de errado, de uma forma lúdica.

Situações de aplicação

Não há limites para aplicação.

Competências desenvolvidas pelo método

Esse método tem o poder de desenvolver as seguintes competências:

TÉCNICAS
- Ligadas ao tema escolhido para o caso (logística, remuneração, gestão de preços, ética etc.).
- Raciocínio analítico.
- Raciocínio lógico.
- Raciocínio crítico.
- Comunicação e expressão.

GERENCIAIS
- Visão global e pensamento estratégico.

Tempo de aplicação do método

Não é necessário muito tempo. O tempo máximo recomendado para a aplicação do método é de uma hora-aula.

Tamanho mínimo e máximo de turma para aplicação

Não há limites para a aplicação do método.

Recursos necessários

A atividade deve ser "surpresa", devendo ser entregue o material ao aluno no momento de sua aplicação. Dessa forma, o único recurso necessário é a atividade impressa.

Detalhamento do método

Consiste em colocar erros de conceito ou de aplicação num determinado texto ou projeção para que os alunos identifiquem o que há de errado.

A eficácia desse método concretiza-se na análise cuidadosa do material pelo aluno, assimilando de forma lúdica o conteúdo apresentado.

Essa análise deve ser realizada individualmente ou em grupo.

Após a análise, recomenda-se uma plenária de toda a classe para a discussão das respostas e fechamento do exercício.

Fatores críticos de sucesso do método

Para que esse método cumpra seus objetivos de forma eficaz, o professor deve garantir que:

- Os alunos tenham entrado em contato com a teoria previamente.
- Haja discussão sobre o que foi apresentado.
- Seja criado um clima de descontração e alegria sobre a atividade.

Exemplo de aplicação

No conceito de auditoria abaixo há 3 erros. Encontre-os:

Auditoria é a técnica gerencial que, através de procedimentos específicos que lhe são peculiares, aplicados no exame de registros e documentos, inspeções e na obtenção de informações e confirmações, relacionados com o controle do patrimônio de uma entidade, objetiva obter elementos de convicção que permitem julgar se os registros contábeis foram efetuados de acordo com as regras da Receita Federal e se as Demonstrações Financeiras deles decorrentes refletem exatamente a situação econômico-financeira do patrimônio, os resultados do período examinado e as demais situações nelas demonstradas.

Correção:

Segundo Hilário Franco, "auditoria é a técnica **contábil** que, através de procedimentos específicos que lhe são peculiares, aplicados no exame de registros e documentos, inspeções e na obtenção de informações e confirmações, relacionados com o controle do patrimônio de uma entidade – objetiva obter elementos de convicção que permitem julgar se os registros contábeis foram efetuados de acordo com os **Princípios Contábeis Geralmente Aceitos** e se as Demonstrações Financeiras deles decorrentes refletem **adequadamente** a situação econômico-financeira do patrimônio, os resultados do período examinado e as demais situações nelas demonstradas".

4.4.3 Mapa Conceitual

Carolina Lourenço Defilippi Gonçalves

Overview do método

Esse método consiste em confeccionar Mapas Conceituais.

O Mapa Conceitual é uma ferramenta para organizar e representar conhecimento, e assim visualizar determinadas ideias e entender claramente as relações entre elas. A estruturação de conhecimento se dá através de tópicos resumidos, com suas relações e dependências evidenciadas, devidamente representadas por símbolos e diagramas, em vez de longas frases descritivas.

Uma vez confeccionados, os Mapas Conceituais também oferecem uma importante fonte de revisão, pois permitem que numa rápida passagem de olhos se possa ter uma noção de todo o conteúdo, sem a necessidade da leitura de toda a matéria.

Situações de aplicação

Qualquer assunto em qualquer disciplina em que haja um conteúdo a ser memorizado.

Competências desenvolvidas pelo método

Este método tem o poder de desenvolver as seguintes competências:

TÉCNICAS
- Ligadas ao tema escolhido para o caso.
- Raciocínio analítico.
- Raciocínio lógico.
- Raciocínio crítico.

COMPORTAMENTAIS
- Comprometimento e responsabilidade (*accountability*).
- Equilíbrio emocional para trabalho sob pressão, agilidade e busca de resultados.
- Relacionamento interpessoal.

GERENCIAIS

- Liderança estratégica e para alinhamento.
- Gestão de pessoas e conflitos.
- Trabalho em equipe.
- Processo de tomada de decisão **(Principal competência trabalhada no método)**

Esse método poderá ser utilizado com o objetivo de ensino e memorização.

É uma técnica de organização de conhecimento que ajuda os participantes a:

a) organizarem o conteúdo da disciplina;

b) elegerem os pontos principais do conteúdo;

c) memorizarem o conteúdo aprendido;

Tempo de aplicação do método

O tempo mínimo recomendado para a aplicação do mesmo é de 1h30 (relógio).

Caso a aula seja dupla (4 h/a), e o assunto mais complexo, o professor pode aplicá-lo em um tempo maior, sempre valorizando a apresentação dos mapas confeccionados.

Tamanho mínimo e máximo de turma para aplicação

Esse método pode ser aplicado em turmas de todos os tamanhos.

Ele pode ser realizado por cada aluno individualmente ou em grupos.

Recursos necessários

Folha de papel (pode ser uma folha grande como uma cartolina) e canetas (coloridas, de preferência).

Detalhamento do método

1. Programação:

Preparação	10 min
Organização dos grupos (se o trabalho for em grupo)	10 min
1ª fase – confecção dos Mapas	30 min
2ª fase – apresentação dos Mapas	30 min
Avaliação do professor	10 min

Preparação

Decidir se cada aluno confeccionará um mapa ou se os mapas serão feitos por grupos de alunos.

Expor e delimitar o conteúdo que dever ser colocado no mapa.

Organização dos grupos (se o trabalho for em grupo)

Um sorteio poderá determinar a formação dos grupos.

Confecção do Mapa Conceitual

O aluno deve (ou os alunos devem) colocar a ideia principal no papel, que pode ser expressa por uma frase, uma palavra ou imagem e depois adicionar outras ideias a esse conceito central.

As ideias devem ler ligadas por setas, traços ou frases e o uso de cores diferentes pode fazer a distinção entre ideias principais e secundárias, ou dividir um determinado assunto em subgrupos.

Apresentação do Mapa Conceitual

Com os mapas prontos, os alunos ou grupos apresentam seus mapas e passam a discutir o que observaram.

O professor, nesta fase, deve participar como crítico e corrigir eventuais erros.

Fatores críticos de sucesso do método

Para que esse método cumpra com os seus objetivos de forma eficaz, o professor deve garantir que:

- Os alunos tenham o conteúdo com o assunto que vai constar do mapa, delimitado com antecedência.
- O assunto tenha total aderência ao conteúdo da disciplina.
- O professor controle à risca o tempo de cada etapa, para que o processo inteiro seja finalizado em um encontro.
- Os alunos tenham a liberdade de buscar mais informações sobre o tema que é objeto do trabalho e usem essas informações para deixar seu mapa mais completo.
- O professor faça as devidas críticas e correções aos mapas apresentados.

Por exemplo:

Conteúdo exposto

Para a Teoria Finalista da Ação Bipartida, o crime só tem dois elementos, quais sejam, o fato típico e a ilicitude. Dentro do fato típico, existem quatro elementos a serem estudados: conduta humana voluntária, resultado, nexo de causalidade e tipicidade.

Para falarmos de conduta humana voluntária teremos que separar essa expressão em duas partes – conduta humana e – voluntariedade. Só é relevante para o direito penal a conduta humana. Não é relevante para o direito penal uma conduta que venha de um animal ou de um fenômeno da natureza, por exemplo. Além disso, essa conduta humana deve ser voluntária. A voluntariedade aqui não deve ser confundida com a vontade. Voluntariedade não é sinônimo de vontade.

Temos 3 situações que excluem a voluntariedade do agente: (1) coação física absoluta: – se o agente está coagido física e absolutamente, não há que se falar em voluntariedade, ou seja, nessa situação o indivíduo está desprovido de voluntariedade.

Coação física absoluta se caracteriza por não ser provida de voluntariedade, e sem voluntariedade não há fato típico, e sem fato típico não há crime; (2) estado de inconsciência – aqui, também, o indivíduo é desprovido de voluntariedade na sua conduta. O melhor exemplo a ser dado aqui é o sonambulismo, pois o indivíduo nesse estado é desprovido de voluntariedade. Não esquecer que sem voluntariedade não há conduta, e sem conduta não há fato típico, e sem fato típico não há crime; (3) ato reflexo – se o indivíduo, por motivo de uma descarga elétrica, por exemplo, tem um ato reflexo, e nesse ato causar lesão corporal a outrem, não ficará caracterizado o crime, pois esse ato foi desprovido de voluntariedade, e nunca é demais lembrar que sem voluntariedade não há conduta, sem conduta não há fato típico e sem fato típico não há crime.

Tirando essas três hipóteses, há a voluntariedade.

Ainda dentro do tema da Conduta Humana, temos: crimes por ação ou crimes comissivos: esses crimes se caracterizam por virem de uma ação, ou seja, vêm de um movimento do corpo, destinado a uma finalidade (a palavra *finalidade* aqui quer suscitar a ideia da teoria finalista) e crimes por omissão: se caracterizam por ser a abstenção do movimento corpóreo também destinada a um fim. A omissão pode ser: própria ou crime omissivo próprio, que é aquele cujo próprio tipo penal descreve uma conduta omissiva. O crime é omissivo na sua essência, a descrição da conduta omissiva está no tipo penal. O melhor exemplo desse tipo de crime é a omissão de socorro que está prevista no artigo 135. Observe que a omissão de socorro está tipificada, ou seja, esse tipo penal está previsto no código, mas é imprópria, pois na omissão imprópria, tentar caracterizá-la como um crime omissivo na sua essência é errado. Na omissão imprópria três grupos de pessoas responderão por crimes comissivos por terem se omitido. Esses grupos de pessoas que podem cometer esse tipo de crime da omissão imprópria estão previstos no art. 13, § 2º: quem tem por lei dever de cuidado ou vigilância; quem, de qualquer outra forma, senão a lei, assumiu a responsabilidade; quem criou o risco. O crime omissivo impróprio é chamado de crime comissivo por omissão.

Ainda dentro do tema Conduta Humana Voluntária, estudamos o dolo e a culpa. O dolo se divide em dolo direto (o sujeito prevê e quer o resultado) e dolo eventual (o sujeito não quer e não busca o resultado, mas prevê o resultado e assume o risco de produzi-lo). A culpa se divide em culpa consciente (o sujeito prevê o resultado e acredita que não vai acontecer) e culpa inconsciente (o indivíduo deixa de prever o resultado que era previsível ao homem médio, por lhe faltarem os cuidados necessários. Age com imprudência, negligência ou imperícia).

O segundo elemento do fato típico é o resultado. Trata-se de resultado no sentido amplo, ou seja, resultado no sentido de toda e qualquer modificação que um crime traz para a sociedade.

Essa breve exposição do resultado basta para termos uma ideia de seu conteúdo e passamos então para o terceiro elemento do fato típico. O nexo de causalidade é a ligação entre a conduta humana voluntária e seu resultado. Se não houver essa ligação não há que se falar em crime. O nexo de causalidade está previsto no artigo 13 e diz que o resultado de que depende o crime só pode ser imputado a quem lhe deu causa. Considera-se causa toda ação ou omissão sem a qual o resultado não teria ocorrido.

Simplificando a ideia desse artigo, o indivíduo só responde pelo crime a que ele deu causa. A causa pode ser absolutamente ou relativamente independente do resultado.

Por fim, a tipicidade é o encaixe perfeito do fato concreto à norma (subsunção). Na tipicidade indireta o sujeito age para que o fato se encaixe perfeitamente à norma, mas, por algum motivo esse fato se desvia do encaixe perfeito. São quatro situações de tipicidade indireta: tentativa, desistência voluntária, arrependimento eficaz e concurso de pessoas.

O segundo elemento do crime é a ilicitude. A ilicitude é a contrariedade do fato real à norma posta. Toda vez que o fato contrariar a norma ele será ilícito. Os tipos penais são tipos afirmativos (matar, subtrair, obrigar). Quando o fato real se encaixa ao tipo, está contrariando o ordenamento. A regra é a de que todo fato típico é ilícito, porém, a essa regra se encaixa a Norma Penal não Incriminadora Permissiva Justificante. Essa norma vem para tornar lícito o que era ilícito. São quatro as possibilidades da exclusão dessa ilicitude e se encontram no art. 23 do CP: estado de necessidade; legítima defesa; estrito cumprimento do dever legal; exercício regular de direito.

MAPA CONCEITUAL deste conteúdo

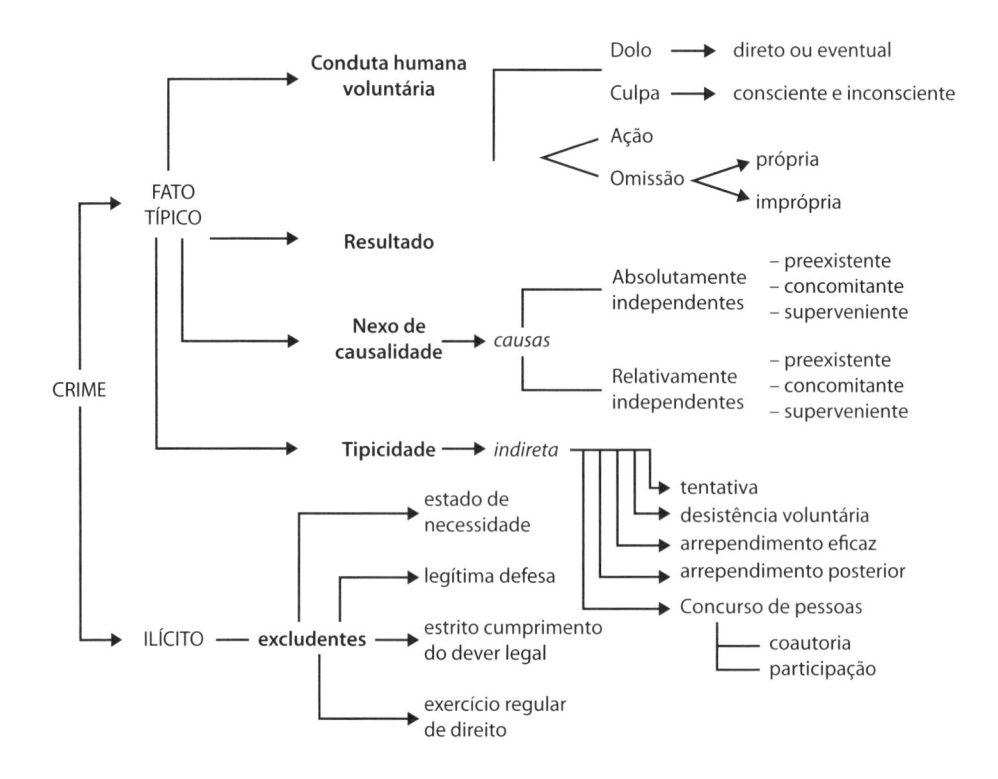

```
                              Conduta humana        Dolo  →  direto ou eventual
                              voluntária            Culpa →  consciente e inconsciente
                                                    Ação             → própria
                                                    Omissão          → imprópria
              FATO
              TÍPICO          Resultado
                                                                            – preexistente
                                                    Absolutamente           – concomitante
                                                    independentes           – superveniente
                              Nexo de     → causas
                              causalidade                                   – preexistente
                                                    Relativamente           – concomitante
CRIME                                               independentes           – superveniente

                              Tipicidade  → indireta
                                                                    → tentativa
                                       estado de                    → desistência voluntária
                                       necessidade                  → arrependimento eficaz
                                                                    → arrependimento posterior
                                       legítima defesa              → Concurso de pessoas
                                                                           ├── coautoria
              ILÍCITO ── excludentes    estrito cumprimento                └── participação
                                        do dever legal

                                        exercício regular
                                        de direito
```

4.4.4 A César o que é de César

Caio Ravaglia

Overview do método

O método de aprendizagem denominado A César o que é de César consiste na atribuição correta de um significado ao seu termo.

Situações de aplicação do método

O método A César o que é de César pode ser aplicado para estudos de grande abrangência e destina-se, principalmente, para aferição de conhecimentos em revisões e preparações para provas.

Competências desenvolvidas pelo método

O método permite desenvolver as competências de comprometimento, relacionamento interpessoal, diversidade cultural, flexibilidade, trabalho em equipe, gerenciamento e entrega.

Tempo de aplicação do método

O tempo de aplicação do método poderá variar de horas a dias, dependendo da abrangência dos estudos. Na aplicação final do método, quando os alunos deverão associar os termos aos respectivos significados, sugere-se duas aulas de 50 minutos cada.

Tamanho das turmas para aplicação do método

O método pode ser aplicado em turmas de tamanho variado.

Recursos necessários

Em um primeiro momento, o ideal é que haja disponibilidade de computadores, pois muitos textos poderão ser extraídos de normas jurídicas. No momento de associação de termos a conteúdos, será necessário que o material elaborado esteja impresso.

Detalhamento do método

A primeira fase de aplicação do método consiste em pesquisar uma série de termos e os respectivos significados a fim de elaborar as colunas que serão utilizadas.

Considerando-se que o método destina-se a preparações para provas e aferição de conhecimentos, deve-se estipular um conteúdo abrangente que pode envolver a matéria de um bimestre, de um semestre, de um ano ou, ainda, de todo o curso.

Após pesquisar os termos e os respectivos conteúdos e significados, deverão ser elaboradas colunas a fim de servirem como instrumento de identificação das correspondências.

A etapa final consiste na identificação dos conteúdos com os respectivos termos.

Fatores críticos de sucesso do método

O professor precisa acompanhar os grupos de perto para exigir a participação de todos os alunos, pois nos trabalhos é comum alguns não cumprirem sua parte.

Além de livros e dicionário jurídico a serem pesquisados, sugere-se a disponibilidade de computadores, pois muitos conteúdos poderão ser extraídos de normas legais.

Exemplo:

- juiz não pode conhecer de ofício;
- coação;
- anulabilidade de negócio jurídico;
- fraude contra credores;
- lesão;
- nulidade de negócio jurídico;
- estado de perigo;
- juiz pode conhecer de ofício;
- ignorância;
- juiz deve conhecer de ofício;
- decadência;
- temor de dano iminente e considerável à sua pessoa, à sua família ou aos seus bens;
- alguém, premido da necessidade de salvar-se, ou a pessoa de sua família, de grave dano conhecido pela outra parte, assume obrigação excessivamente onerosa;
- negócio celebrado por pessoa absolutamente incapaz.

- os negócios de transmissão gratuita de bens ou remissão de dívida, se os praticar o devedor já insolvente, ou por eles reduzido à insolvência, ainda quando o ignore, poderão ser anulados pelos credores quirografários, como lesivos dos seus direitos;
- uma pessoa, sob premente necessidade, ou por inexperiência, se obriga a prestação manifestamente desproporcional ao valor da prestação oposta;
- negócio celebrado consigo mesmo sem autorização do representado;
- for ilícito, impossível ou indeterminável o seu objeto;
- o motivo determinante, comum a ambas as partes, for ilícito;
- prescrição;
- o negócio não revestir a forma prescrita em lei;
- for preterida alguma solenidade que a lei considere essencial para a validade do negócio;
- o negócio tiver por objetivo fraudar lei imperativa;
- são anuláveis os negócios jurídicos, quando as declarações de vontade emanarem de erro substancial que poderia ser percebido por pessoa de diligência normal, em face das circunstâncias do negócio;
- negócio simulado;
- negócio que admite retificação e ratificação.

4.4.5 Comparação de fatos

Silvia Cristina Prado

Overview do método

Esse método consiste na análise e discussão de dois ou mais fatos, ou então, de eventos, objetos, imagens, casos etc. Para tanto, é necessário que a discussão seja suportada pela teoria que se deseja trabalhar com os alunos. A teoria pode ser solicitada como leitura para a aula ou realizada no formato de explanação pelo professor (ou ambos). Os alunos deverão individualmente, em grupo e na plenária expor as diferenças e semelhanças entre os fatos (eventos, objetos, casos etc.), identificar como a teoria é adequada aos mesmos e avaliar os pontos positivos e negativos (quando se aplica). Caberá ao professor colaborar para o desenvolvimento do raciocínio do aluno/grupo e fechamento/conclusão das análises.

Esse método permite ao aluno observar a aplicação da teoria na prática, além de permitir maior fixação do conteúdo e o desenvolvimento da sua capacidade de análise.

Situações de aplicação

Qualquer assunto de qualquer disciplina em que haja uma teoria a ser apresentada.

Competências desenvolvidas pelo método

Esse método tem o poder de desenvolver as seguintes competências:

TÉCNICAS

- Ligadas ao tema escolhido para a leitura.
- Raciocínio analítico.
- Raciocínio lógico.
- Raciocínio crítico.
- Comunicação e expressão.

COMPORTAMENTAIS

- Flexibilidade.
- Comprometimento.

- Relacionamento interpessoal.
- Consciência e diversidade cultural.

GERENCIAIS

- Liderança.
- Gestão de pessoas e conflitos.
- Trabalho em equipe.
- Visão global e pensamento estratégico (principal competência trabalhada no método).
- Gerenciamento e entrega.

Observação: As competências comportamentais e gerenciais dependem também do tema a ser tratado.

Tempo de aplicação do método

O tempo mínimo recomendado para a aplicação do método é de 50 minutos, oscilando conforme a complexidade da teoria e dos fatos a serem explorados.

Tamanho mínimo e máximo de turma para aplicação

Esse método pode ser aplicado em turmas de até 70 alunos.

Recursos necessários

Quadro e giz.

Detalhamento do método

O método consiste na análise e discussão de dois ou mais fatos, ou então, de eventos, objetos, imagens, casos etc. Para tanto, é necessário que a discussão seja suportada pela teoria que se deseja trabalhar com os alunos. A teoria pode ser solicitada como leitura para a aula ou realizada no formato de explanação pelo professor (ou ambos).

O professor deverá preparar 2 fatos (no mínimo) para serem trabalhados em sala de aula; os fatos podem ser semelhantes ou não. Os alunos deverão avaliar os fatos apresentados e relacioná-los com a teoria, da seguinte forma:

- Fazendo breve descrição de cada fato.
- Mostrando quais as diferenças e semelhanças entre os fatos.
- Identificando como a teoria se adapta aos fatos (conexão).
- Revelando quais os pontos positivos e negativos (quando se aplica).

A tarefa deverá ser desenvolvida individualmente pelos alunos (10 – 15 minutos). Em seguida, os alunos serão divididos em grupos (4 a 6 alunos) para discussão dos "achados" e para conclusão da equipe (30 – 40 minutos). Por fim, os grupos deverão apresentar as suas análises e conclusões para a sala, quando o professor promoverá o debate e fixação dos conteúdos relevantes (10 – 20 minutos).

Importante: O professor, contando com o auxílio da turma, conduzirá o esclarecimento das dúvidas, mostrando as conexões com a disciplina e seus pontos fundamentais. Para criar um clima de participação e interesse, o professor pode criar uma ambiente de plenária e discussão, solicitando aos alunos auxílio para a condução das respostas às dúvidas levantadas. O professor deverá trabalhar plenamente o tema abordado "ampliando" os esclarecimentos feitos às questões levantadas pelos alunos.

Fatores críticos de sucesso do método

Para que esse método cumpra seus objetivos de forma eficaz, o professor deve garantir que:

- Os alunos tenham contato prévio com a teoria que será abordada.
- O formato do método seja compreendido previamente pelos alunos.
- Haja acesso aos fatos (eventos, objetos, imagens, casos etc.) que serão analisados.
- Os alunos tenham tempo de analisar individualmente, em grupo e na plenária os fatos propostos.
- Haja discussão sobre o que foi apresentado.
- Haja o fechamento da discussão e conclusões obtidas.
- Os alunos, através da condução do professor, entendam os pontos mais relevantes (centrais) presentes na teoria *vs*. realidade.
- Seja criado um clima de participação e interesse sobre a atividade.

Exemplos de aplicação

Disciplina	Teoria	Fatos
Estratégia Empresarial	Estratégia competitiva de competição: custo ou diferenciação	Reportagem do Wal Mart × Reportagem do Pão de Açúcar
Psicologia	Comportamento	Freud × Young
História da Arte	Linha do tempo	Impressionismo × Expressionismo
Finanças	Controle de estoque	UEP × PEP
Marketing II	Composto de marketing: distribuição	Equipe de vendas própria × Distribuição terceirizada

4.4.6 Debate competitivo

Marcelo Augusto Scudeler

Overview do método

O método consiste em desenvolver competências através de exercícios estruturados em sala de aula a partir de discussões de premissas conceituais, revisando conteúdos já desenvolvidos. Importante registrar que esse método deve ser aplicado após o desenvolvimento de determinado conteúdo da disciplina, como um exercício de revisão e reforço.

Situações de aplicação

Como já afirmado, esse método é especialmente indicado para o reforço e a revisão de conteúdos importantes da disciplina, com uma dinâmica de integração e debate em sala de aula. Não se presta, portanto, para a apresentação de novos conteúdos.

Competências desenvolvidas pelo método

Muitas competências poderão ser desenvolvidas a partir desse método, segundo a estruturação do problema assim o determine. Em todos os casos, ao final das atividades, o aluno terá exercitado ao menos as seguintes competências:

TÉCNICAS
- Raciocínio analítico.
- Raciocínio lógico.
- Capacidade de síntese.

COMPORTAMENTAIS
- Relacionamento interpessoal.

GERENCIAIS
- Visão global.
- Trabalho em equipe.
- Processo de tomada de decisão.

Tempo de aplicação do método

Esse tempo varia conforme a extensão do problema. Normalmente, será realizado dentro de uma aula inteira.

Tamanho mínimo e máximo de turma para aplicação

Não há limites para a aplicação do método. O método deve ser utilizado em equipes.

Recursos necessários

Não há necessidade de recursos especiais. Entretanto, deve-se levar em conta que, ao final do processo, os conceitos deverão ser comentados com a classe para alinhamento. Os recursos para essa etapa ficam a critério do docente. Há, no entanto, necessidade de uma preparação prévia, que consiste na elaboração das questões e do respectivo gabarito, pelo professor.

Detalhamento do método

O que é o método DEBATE COMPETITIVO?

Trata-se de um método de aplicação como exercício de revisão de conteúdos de aula na disciplina.

Como se aplica o método?

Durante o desenvolvimento de elementos teóricos da disciplina, o professor apresentará os conceitos necessários e importantes. Encerrado o conteúdo, o professor apresentará uma série de perguntas previamente elaboradas, na forma de questionário. As perguntas devem ter os mais variados níveis de complexidade.

Ato contínuo, os alunos serão reunidos em equipes (sugestão de equipes com 4 integrantes). Será concedido um prazo razoável para que as equipes encontrem as respostas das perguntas formuladas e, por esse motivo, é importante que os alunos sejam previamente avisados da atividade e possam fazer uso de suas anotações pessoais e livros sobre o conteúdo.

Na sequência, o professor escolhe, por sorteio, uma equipe para responder à primeira pergunta e indica outra equipe para esclarecer se a resposta está correta ou não. Se estiver correta e a segunda equipe confirmar a resposta, o professor atribuirá 2 pontos para a equipe que respondeu corretamente e mais 1 ponto para aquela que ratificou a resposta.

Se a resposta da primeira equipe estiver errada, a outra equipe escolhida tem a oportunidade de corrigir e receber 3 pontos. Se a primeira equipe responder errado e o segundo grupo não identificar o erro, o professor retirará 2 pontos das duas equipes.

E assim sucessivamente. No final da rodada, em que todas as equipes terão o mesmo número de oportunidades de responder e confirmar as respostas, identifica-se a equipe com o maior número de pontos, premiando-a.

Exemplo:

Durante o desenvolvimento de uma aula sobre competência, no Direito Processual Civil, após o professor apresentar conceitos necessários, para assimilar o conteúdo teórico, formulará uma série de perguntas, com os mais variados níveis de complexidade, como por exemplo:

1) O que é *perpetuatio iurisdictionis*?
2) Existe diferença entre jurisdição e competência? Em caso positivo, explique.
3) O juiz pode declarar, de ofício, a incompetência relativa do juízo?
4) É válida a cláusula, inserida em um contrato de trabalho, que fixa a competência da justiça comum estadual para dirimir pendengas decorrentes da relação de emprego?
5) O desrespeito ao artigo 95 do CPC gera incompetência absoluta ou relativa?
6) A quem compete processar e julgar os Ministros de Estado por infrações penais comuns?
7) Quais os tipos de conflitos de competência? Como são resolvidos?
8) Qual é a diferença entre conexão e continência?
9) Inconformado com as disposições do contrato que celebrou com a Caixa Econômica Federal, João propõe ação judicial perante a Justiça Comum Estadual de Campinas contra a CEF. Sabendo que a CEF tem sua sede em Brasília, na condição de juiz, faça uma análise da competência do juízo.
10) Antônio pretende demandar João e Maria, pleiteando uma indenização por danos morais, posto que estes, durante uma assembleia de condôminos, teriam chamado Antônio, o síndico, de "ladrão". Sabendo

que a assembleia foi realizada em Campinas, e que Antônio mora em Limeira, João em Jundiaí e Maria em Piracicaba, indique o(s) foro(s) competente(s) para a propositura da ação, justificando.

4.4.7 Você é o professor

Adriano Pedro Bom

Overview do método

O método consiste em desenvolver uma prova completa, incluindo-se as respostas, para que os alunos a corrijam. O intuito é que o estudante seja capaz de exercitar o mais elevado nível dos objetivos de aprendizagem da Taxonomia de Bloom (capacidade de avaliar, tomar decisões) a respeito de um conteúdo já abordado. Trata-se de uma forma estimulante de aferição do conhecimento, de revisão de conteúdo e de familiarizar o aluno com o estilo de prova que terá pela frente.

Situações de aplicação do mesmo

Especialmente indicado para situações em que se deseja que os alunos exercitem conceitos já estudados.

Competências desenvolvidas pelo método

Muitas competências poderão ser desenvolvidas a partir desse método, segundo a estruturação da prova assim o determine. Em todos os casos, ao final das atividades o aluno terá exercitado ao menos as seguintes competências:

TÉCNICAS
- Raciocínio analítico.
- Raciocínio lógico.
- Raciocínio crítico.
- Capacidade de síntese.
- Capacidade de aplicação de conceitos técnicos.

COMPORTAMENTAIS
- Relacionamento interpessoal.

GERENCIAIS
- Processo de tomada de decisão.
- Trabalho em equipe.

Tempo de aplicação do método

Esse tempo varia conforme a extensão da prova. O ideal é que a prova possa ser resolvida no período de 50 minutos, para que os demais 50 minutos (considerando-se uma aula de 100 minutos) sejam dedicados à análise das avaliações.

Tamanho mínimo e máximo de turma para aplicação

Não há limites para a aplicação do método. O método deve ser utilizado em equipes. A utilização em alunos individualmente carece de uma adaptação, pois o estudante não terá colegas com quem compartilhar suas dúvidas.

Recursos necessários

Há necessidade de se ter uma prova preparada, com respostas, em quantidade suficiente para que cada aluno receba um exemplar. Não há necessidade de recursos adicionais. Entretanto, deve-se levar em conta que, ao final do processo, as respostas da prova deverão ser comentadas com a classe para alinhamento. Os recursos para essa etapa ficam a critério do docente.

Detalhamento do método

Fase de Preparação

1º passo: O professor deverá desenvolver uma prova que tenha a abrangência do assunto que se deseja abordar.

2º passo: O professor deverá elaborar respostas às questões (uma para cada questão) de forma a gerar, em quantidades aproximadamente iguais, respostas totalmente corretas, parcialmente corretas e completamente incorretas. Assim, essa prova representaria o desempenho de um aluno mediano.

3º passo: O docente deverá então montar uma versão final da prova, incluindo as respostas elaboradas no passo 2.

Fase de aplicação

1º passo: Em sala de aula, o professor deverá organizar os alunos em grupos de três a quatro alunos. (Em turmas pequenas, pode-se organizar duplas.)

2º passo: O professor distribuirá a cada aluno um exemplar da prova completa (questões e respostas).

3º passo: O professor irá anunciar aos alunos que caberá a eles corrigirem a prova, atestando para cada questão um parecer dentre os três seguintes (seguidos da justificativa correta correspondente, baseada em fatos e conceitos):

a) resposta completamente correta;
b) resposta parcialmente correta;
c) resposta totalmente incorreta.

4º passo: O professor comunicará o tempo que durará a atividade. Sugere-se que seja um tempo suficiente, mas sem espaço para revisões. A intenção é que os alunos se concentrem na atividade. A escolha do tempo de duração da atividade fica a critério do docente que aplicará o método, levando-se em consideração nossa sugestão e também o grau de dificuldade da prova.

5º passo: O professor deverá informar à classe que, ao final do tempo determinado, cada grupo deverá entregar a ele um exemplar da prova corrigido oficialmente pelo grupo, contendo sempre, para cada questão, um parecer (passo 3º) e sua correspondente justificativa (baseada em fatos e conceitos).

6º passo: O professor deverá esclarecer aos alunos que cada parecer correto elaborado por eles significará um ponto para o grupo, desde que a justificativa esteja também correta. Pareceres corretos, sem a justificativa adequada, não receberão pontos. Questões não avaliadas não receberão pontos.

7º passo: Ao concluir o tempo da atividade, o professor deverá recolher os exemplares de cada grupo (com a identificação dos membros do grupo), com suas correções devidas.

8º passo: O professor discutirá com os alunos, na forma de debate, cada questão da prova e suas respectivas respostas, demonstrando, assim, como seria a correção padrão.

9º passo: O docente deverá então projetar em uma tela (ou outra forma de exibição coletiva) o gabarito da correção da prova (parecer e justificativa de cada questão).

10º passo: O professor distribuirá as provas com as avaliações que os grupos realizaram, de modo que nenhum grupo receba sua própria prova. A intenção é que cada grupo apure a pontuação (segundo a regra do passo 6º) das correções que não tenham sido realizadas por ele mesmo.

11º passo: Os grupos apuram a pontuação das provas corrigidas que lhes foram entregues.

12º passo: O professor recolhe as provas com as correções pontuadas e anuncia, registrando na lousa (ou *flip-chart*), o resultado de cada grupo.

Fatores críticos de sucesso do método

- A prova precisa ser elaborada com bastante cuidado pelo professor, de forma a permitir uma correção adequada pelos alunos.
- É necessário que o gabarito desenvolvido pelo professor demonstre claramente os pareceres (resposta correta, incorreta, parcialmente correta) e as justificativas (fatos e conceitos que apoiem o parecer) para cada questão, de modo que sua correção seja inquestionável.
- Ao anunciar as regras da atividade, o professor deve estimular o caráter competitivo do exercício, anunciando que, ao final, saberá qual a equipe que mais domina os conceitos da disciplina.

5 Considerações finais

Adriano Pedro Bom

Os métodos deste livro foram idealizados ou adaptados para atenderem às dinâmicas da nova geração de alunos (estímulo, experiência, envolvimento, emoção). Uma geração sucede outra, e é preciso atenção às tendências que, em alguns anos, mostrarão a necessidade de renovação desse conteúdo. Entretanto, ainda que os métodos possam ter um ciclo de vida cada vez mais curto quanto à sua forma, o propósito inicial que fundamenta a adoção dessas novas práticas em sala de aula permanece o mesmo: a aprendizagem de nossos alunos. Essa é a razão pela qual é fundamental ter claro o objetivo de aprendizagem antes da opção por um dos métodos apresentados.

A classificação de métodos aqui proposta possibilita, por exemplo, uma seleção com base em objetivos de aprendizagem de "construção do conhecimento" ou de "aplicação de conceitos". A leitura atenta de cada método permitirá ao professor encontrar o recurso mais apropriado aos seus propósitos educacionais, guiando-se, muitas vezes, além da classificação ora apresentada.

Cabe ressaltar que os métodos não são um fim em si, mas meios ou recursos pelos quais se pretende facilitar o processo de aprendizagem. Escolher o recurso correto pode representar o sucesso ou o fracasso dessa iniciativa.

Ainda que um método adequado seja escolhido para determinada aplicação, é preciso compreender em qual contexto ele se insere no processo completo do aprendizado. Sem essa compreensão, mesmo a utilização do melhor método pode não surtir o efeito desejado. Recomendamos a utilização do Ciclo de Aprendizagem

Vivencial (CAV) proposto por Kolb,[1] e amplamente difundido em aplicações de ensino através de práticas como as que apresentamos neste livro. Para tanto, basta desenvolver as quatro fases que compõem o CAV, conforme as diretrizes seguintes:

Fase 1: Vivência

Essa é a etapa que compreende a execução de uma atividade vivencial. Nos moldes do exposto neste livro, significa a aplicação de um dos métodos. A vivência traz vantagens substanciais para todo o processo de aprendizagem. Se destinada à construção de conceitos, a fixação se dará muito mais facilmente. Além dessa vantagem, se tiver por objetivo a aplicação de conteúdos aprendidos, tornará claro o grau de assimilação por parte dos alunos.

Fase 2: Relato

Nessa fase, o professor deve estimular o compartilhamento de sentimentos, emoções, reações. Isso pode ser feito através de perguntas aos alunos: O que vocês sentiram ao desenvolver a tarefa? Quais foram suas reações diante da situação? E as reações de sua equipe? É importante que se obtenha, de fato, o relato de sentimentos, e não uma explicação analítica sobre a atividade realizada, nem tampouco a opinião sobre o que deveriam ter feito de forma diferente. Ao discorrer sobre suas emoções, os alunos se envolvem de forma ainda mais memorável e esclarecedora com o tema estudado. Ao relatarem as reações que a atividade provoca, compreendem melhor o objeto em estudo. É importante ainda lembrar que, como foi destacado no capítulo introdutório, as emoções fazem parte da dinâmica dos nossos alunos.

Fase 3: Processamento

Trata-se de uma fase fundamental para o sucesso da utilização dos métodos. As atividades vivenciais que não incluam uma etapa de processamento terão a tendência de parecerem mera "diversão", "brincadeira" ou simplesmente não serem associadas pelos alunos a qualquer aprendizado. Nesse momento, deve-se fomentar a análise dos resultados obtidos, sua comparação com padrões de desempenho estabelecidos, assim como a identificação de causas dos resultados alcançados (sejam positivos ou negativos). O professor deve continuar nessa etapa até que os todos os elementos de aprendizado pretendidos tenham sido abordados.

---

[1] KOLB, D. A.; RUBIN, I. *Psicologia organizacional*: uma abordagem vivencial. São Paulo: Atlas, 1990.

Fase 4: Generalização

Etapa de encerramento do ciclo, em que se deve estimular os alunos a realizarem comparações com situações reais, bem como a identificarem possibilidades de aplicação do conteúdo aprendido em situações diversas. Essa etapa pode se concluir na mesma aula, ou durar um projeto todo. A generalização permitirá ao aluno assumir um nível de aprendizado relacionado à decisão e julgamento, o que constitui o mais elevado grau de aprendizado segundo a Taxonomia de Bloom.

Certamente há muitos caminhos para a utilização bem-sucedida dos métodos que apresentamos. Nossas sugestões têm o intuito de acrescentar e não determinar uma forma de empregá-los. Elas são o fruto de nossa pesquisa e experiência acumuladas, com tantos erros e acertos. Se ao colocar em prática o conteúdo deste livro o professor perceber que o processo de ensino-aprendizagem se tornou mais eficiente e eficaz, teremos cumprido nossa missão.

Boa sorte e sucesso!

Bibliografia

ALENCAR, Eunice M. L. Soriano de. *A gerência da criatividade*: abrindo as janelas para a criatividade pessoal e nas organizações. São Paulo: Makron Books, 1996.

CALDAS, Dário. *Observatório de sinais*. Rio de Janeiro: Senac, 2004.

CHRISTENSEN, Clayton M.; HORN, Michael B.; JOHNSON, Curtis W. *Inovação na sala de aula*: como a inovação de ruptura muda a forma de aprender. Porto Alegre: Artmed, 2009.

COOL hunting. Disponível em: <http://thecoolhunter.net>. Acesso em: 17 dez. 2010.

CONGER, Jay. Quem é a geração X? *HSM Management*, nº 11, p. 128-138, nov./dez. 1998.

DE MASI, Domenico. *O ócio criativo*. Rio de Janeiro: Sextante, 2000.

DOUGLAS, William. *Como passar em provas e concursos*. 25. ed. Rio de Janeiro: Impetus, 2010.

DUAILIBI, R.; SIMONSEN JR., H. *Criatividade e marketing*. São Paulo: McGraw-Hill, 2000.

ISAKSEN, Scott. *Task appraisal and process plannning*: managing change. The International Center for Studies in Creativity – Buffalo State University – NY. Disponível em: <http://www.buffalostate.edu/orgs/cbir/readingroom/html/Isaksen-96.html>. Acesso em: 10 set. 2005.

KNELLER, Georges. *Arte e ciência da criatividade*. São Paulo: Ibrasa, 1999.

_____. *Criatividade e grupos criativos*. Rio de Janeiro: Sextante, 2006.

LIMA, Felipe; DOUGLAS, William. *Mapas mentais e memorização para provas e concursos*. Rio de Janeiro: Impetus, 2010.

LOMBARDIA, Pilar García. Quem é a geração Y? *HSM Management*, nº 70, p. 1-7, set./out. 2008.

MICHALKO, Michael. *Thinker toys*: manual de criatividade em negócios. Campinas: Autores Associados, 1991.

MINICUCCI, Agostinho. *Técnicas do trabalho de grupo*. São Paulo: Atlas, 1987.

MOREL, Denise. *Ter um talento, ter um sintoma*: as famílias criadoras. São Paulo: Escuta, 1990.

MUNARI, Bruno. *Das coisas nascem coisas*. São Paulo: Martins Fontes, 1998.

NORONHA, Heloísa. *Crianças índigo*: a polêmica da evolução da humanidade. Disponível em: <http://www.uol.com.br>. Acesso em: 25 set. 2010.

PREDEBON, J. *Criatividade*: abrindo o lado inovador da mente. São Paulo: Atlas, 1998.

PRENSKY, Marc. *Teaching digital natives*: partnering for real learning. California: Sage, 2010.

_____. *Não me atrapalhe, mãe*: eu estou aprendendo! São Paulo: Phorte, 2010.

TAPSCOTT, Don. *Grown up digital*: how the net generation is changing the world. New York: McGraw-Hill, 2008.

_____. *Geração digital*: a crescente e irreversível ascensão da geração net. São Paulo: Makron, 1999.

YOUNG, James Webb. *Técnica para produção de ideias*. São Paulo: Nobel, 1994.

Nota sobre os Autores

Adriano Novaes, Bacharel em Administração de Empresas, MBA (especialização *lato sensu*) em Marketing pela ESPM (Escola Superior de Propaganda e Marketing) e Mestrado (*stricto sensu*) em Administração. Atualmente é diretor acadêmico da ESAMC Uberlândia e professor de graduação e MBA nos conteúdos de Marketing, Estratégia e Planejamento. Presidente do Comitê de Business Affairs da AMCHAM (Câmara Americana de Comércio), diretor CDL (Câmara de Dirigentes Lojista) e vice-presidente da APP (Associação dos Profissionais de Propaganda). Participa do conselho editorial da revista *Idea* (revista científica). Atua no meio acadêmico desde 1999 e no meio empresarial desde 1981, onde atuou como diretor e empresário em vários negócios como distribuidoras Volkswagen e Mitsubishi, locadoras de veículos e lojas de peças e tintas.

Adriano Pedro Bom, Mestre em Qualidade Total pela Unicamp, Quality Engineer (ASQ-USA), coordenador e docente das áreas de Recursos Humanos e Gestão de Operações da ESAMC; sócio diretor da Propter Qualiem Consultoria, tem prestado serviços a organizações como CPQD, Embrapa, SEBRAE, KSPG, Valeo, Unimed, Nutriplant, Opto, dentre outros, como consultor e especialista em formação gerencial.

Anderson César Gomes Teixeira Pellegrino, graduado em Economia pela PUC-SP e Mestre em Economia pela UNICAMP. Atuou na área de Operações Internacionais da Natura Cosméticos e foi professor do SEBRAE-SP. Principais livros: *Economia: fundamentos e práticas aplicadas à realidade brasileira* (2005); *Nas sombras do subdesenvolvimento* (2005) e *MERCOSUL em debate* (2001). É professor, coordenador de Economia e Relações Internacionais e diretor acadêmico da ESAMC de Campinas.

Caio Ravaglia, graduado em Direito pela PUCCamp. Especialista em Direito Constitucional (PUCCamp). Coordenador da área de Direito Público e professor de Direito Constitucional e Empresarial da ESAMC. Advogado, atua na área educacional, destacando-se em temas como imunidade tributária, organizações não governamentais, procedimentos administrativos, estatutos, contratos, relações individuais e coletivas de trabalho.

Carolina Lourenço Defilippi Gonçalves, Bacharel em Ciências Jurídicas e Sociais pela PUC de Campinas. Especialista em Direito Penal pelo IPG (Instituto de pós-Graduação) e especialista em Crimes contra a Organização do Trabalho pelo Unisal (Centro Universitário Salesiano). Advogada criminalista, coordenadora nacional da área de Propedêutica e Criminologia da ESAMC (Escola Superior de Administração, Marketing e Comunicação), professora de Direito Penal e supervisora da pós-Graduação do UNISAL, professora de Direito Penal e coordenadora dos cursos preparatórios para OAB do Êxito Proordem – Centro de Estudos Jurídicos.

Eliane El Badouy Cecchettini é publicitária premiada, formada pela PUC-Campinas e Pós-graduada em Marketing, pela ESPM. Em seus 25 anos de experiência profissional, tem construído sua carreira em agências e empresas reconhecidas e respeitadas dentro e fora do Brasil. Concilia suas atividades no mercado publicitário com a vida acadêmica, como professora universitária há mais de 10 anos, onde ministra cursos regulares na graduação e MBA, cursos *in company*, palestras e faz pesquisas sobre o comportamento, comunicação e o consumo de mídia do jovem contemporâneo. É coordenadora da área de Comunicação e Criação da ESAMC.

Luiz Francisco Gracioso é graduado em Administração de Empresas pela EAESP-FGV, com MBA pelo IMD – Lausanne/Suíça. É presidente da ESAMC, um dos principais grupos de ensino superior do Brasil.

Manuela Santin Souza de Stefano, professora e coordenadora da área de Finanças, Contabilidade e Raciocínio Matemático da ESAMC. Bacharel em Ciências Contábeis pela USP (1999) e Mestre em Contabilidade e Controladoria pela USP (2006). Experiência de 6 anos em auditoria externa (PricewaterhouseCoopers Auditores Independentes) e 1 ano em auditoria interna (Rigesa MeadWestvaco).

Marcelo Augusto Scudeler, graduado em Direito pela PUCCamp. Especialista em Direito Processual. Mestre em Direito Processual (USF) e Mestre em Propriedade Intelectual (UNIMEP). Coordenador da área de Direito Privado e professor de Direito Processual da ESAMC. Advogado, atua na área empresarial, com especial ênfase em questões tributárias, societária, contratual, direitos autorais, marcas e patentes.

Marcelo Veras é graduado em Engenharia Química, Pós-Graduado em Engenharia de Produção e MBA em Gestão de Negócios e MBA em Marketing. É vice-Presidente Acadêmico da ESAMC, professor de Marketing, Estratégia e Planejamento de Carreira do MBA da ESAMC. Sócio da AYR Consulting – Consultoria de Inovação. Palestrante e consultor de empresas nas áreas de Gestão de Carreiras, Marketing e Vendas.

Silvia Cristina Prado, Mestre e Bacharel em Administração de Empresas pela USP. Atuou na Souza Cruz em vários cargos executivos nas áreas de marketing e vendas. Na Popmarketing, desenvolveu e conduziu diversos treinamentos de vendas. Atualmente é consultora, coordenadora acadêmica da ESAMC (para marketing, estratégia e pesquisa de mercado) e professora tanto da graduação como do MBA da ESAMC.

Sylvia Helena Furegatti é artista visual e professora universitária. Desenvolveu seu Doutorado e Mestrado na FAU/USP. Ao longo de seu trabalho como professora universitária nos últimos 18 anos vem ministrando cursos regulares, de extensão e faz pesquisas sobre Inovação, Criatividade e Artes Visuais. É coordenadora da área de *Design*, Base de Comunicação e Raciocínio Qualitativo da ESAMC.

Revisão técnica:

Célio Avancini é formado em Direito pela PUC Campinas e em publicidade pela ESPM/SP. Escritor e dramaturgo, tem 13 peças teatrais escritas (8 delas encenadas), além de 45 novelas radiofônicas irradiadas para todo o Brasil, na década de 90. Escreve também roteiros para TV e cinema. Professor universitário desde o ano 2000, atualmente leciona a disciplina de Língua Portuguesa I e II, na ESAMC – Campinas.

Formato	17 x 24 cm
Tipologia	Charter 11/13
Papel	Alta Alvura 90 g/m² (miolo)
	Supremo 250 g/m² (capa)
Número de páginas	176
Impressão	Gráfica Ideal

Sim. Quero fazer parte do banco de dados seletivo da Editora Atlas para receber informações sobre lançamentos na(s) área(s) de meu interesse.

Nome: _____
_____ CPF: _____ Sexo: ○ Masc. ○ Fem.
Data de Nascimento: _____ Est. Civil: ○ Solteiro ○ Casado

End. Residencial: _____
Cidade: _____ CEP: _____
Tel. Res.: _____ Fax: _____ E-mail: _____

End. Comercial: _____
Cidade: _____ CEP: _____
Tel. Com.: _____ Fax: _____ E-mail: _____

De que forma tomou conhecimento deste livro?
☐ Jornal   ☐ Revista   ☐ Internet   ☐ Rádio   ☐ TV   ☐ Mala Direta
☐ Indicação de Professores   ☐ Outros: _____

Remeter correspondência para o endereço: ○ Residencial   ○ Comercial

Indique sua(s) área(s) de interesse:

○ Administração Geral / Management
○ Produção / Logística / Materiais
○ Recursos Humanos
○ Estratégia Empresarial
○ Marketing / Vendas / Propaganda
○ Qualidade
○ Teoria das Organizações
○ Turismo
○ Contabilidade
○ Finanças

○ Economia
○ Comércio Exterior
○ Matemática / Estatística / P. O.
○ Informática / T. I.
○ Educação
○ Línguas / Literatura
○ Sociologia / Psicologia / Antropologia
○ Comunicação Empresarial
○ Direito
○ Segurança do Trabalho

Comentários

_____
_____
_____
_____

ISR-40-2373/83

U.P.A.C Bom Retiro

DR / São Paulo

CARTA - RESPOSTA
Não é necessário selar

O selo será pago por:

editora atlas

01216-999 - São Paulo - SP

REMETENTE:
ENDEREÇO: